네이마르
그라운드의 마법사

세계 최고가 될 수밖에 없었던 스타 플레이어의 비하인드 스토리

NEYMAR
The Wizard

네이마르
그라운드의 마법사

마이클 파트 지음 | 정지현 옮김

Neymar The Wizard © 2014
All Rights Reserved to Sole Books, Beverly Hills CA, USA.
Korean translation copyright © 2016 by CYPRESS
Korean translation rights arranged with Sole Books
through EYA(Eric Yang Agency)

이 책의 한국어판 저작권은 EYA Eric Yang Agency를 통한
Sole Books 사와의 독점계약으로
싸이프레스가 소유합니다.
저작권법에 의하여 한국 내에서 보호를 받는 저작물이므로
무단전재 및 복제를 금합니다.

CONTENTS

CHAPTER 1	미소	6
CHAPTER 2	마법사와 마법사 아들	14
CHAPTER 3	홈 사커	22
CHAPTER 4	스카우터 베티뉴와의 만남	30
CHAPTER 5	생애 첫 팀	37
CHAPTER 6	양발로 모두 득점하다!	44
CHAPTER 7	잠자는 숲 속의 공주	54
CHAPTER 8	하나님과 마주보며	60
CHAPTER 9	그레메탈 입단	64
CHAPTER 10	촛불이 밝혀준 밤	71
CHAPTER 11	네이마르 주니어	77
CHAPTER 12	인생의 전환점	87
CHAPTER 13	방과 후 연습	95
CHAPTER 14	레알 마드리드	102
CHAPTER 15	네이마르, 그리고 영웅 호나우두	111
CHAPTER 16	정상에서 바닥으로	117
CHAPTER 17	FIFA 올해의 골	120
CHAPTER 18	변화의 물결	125
CHAPTER 19	백넘버 10번	130
CHAPTER 20	집으로	135
CHAPTER 21	부서진 꿈, 새로운 희망	142

네이마르 수상 경력   149

CHAPTER 1

미소

네이마르 다 실바 산투스 시니어^{Neymar Da Silva Santos Senior}의 차가 산꼭대기를 지나 내리막길로 들어섰다. 그의 아내 나딘^{Nadine}은 조수석에 앉아 있었고, 태어난 지 얼마 되지 않은 아들 네이마르 다 실바 산투스 주니어^{Neymar Da Silva Santos Junior}는 뒷좌석의 카시트에 앉아 있었다. 네이마르 주니어가 태어나자 가족들은 애칭으로 네이마르 시니어를 파이^{Pai}로, 네이마르 주니어를 주니뉴^{Juninho}로 불렀다. 포르투갈어로 파이는 아버지, 주니뉴는 주니어, 즉 어린 아들을 뜻한다. 그들은 상파울루시 동쪽에 있는 무지다스크루제스의 집을 떠나 해안에 있는 부모님의 집을 방문하러 가는 길이었다.

파이는 그날 비가 오는 것을 은근히 즐기고 있었다. 폭풍 때문에 사람들이 집안에만 있을 테니 차가 밀리지 않으리라고 생각했기 때문이었다. 그의 부모님은 상비센치에 살았는데 그 집은 그가 프로 축구 선수 생활을 하며 번 돈으로 사드린 집이었다. 지금 타고 있는 자동차도 그가 직접 산 것이었다.

그의 머릿속은 직전에 있었던 경기에 대한 생각으로 가득했다. 그는 소속팀 우니앙 무지Uniao Mogi에서 한 골을 기록했다. 아내와 주니뉴도 관중석에서 그의 플레이를 지켜보고 있었다. 경기가 끝나고 한 동네에 사는 소년이 그에게 달려와 축구공을 내밀며 사인을 부탁했고, 소년은 그가 세상에서 가장 멋진 축구 선수라고 말했다. 그는 그 소년에게 갓 태어난 자신의 아들도 축구에 소질이 있었으면 좋겠다고 화답했다.

내리막길을 내려가는 동안 속도가 빨라졌고, 파이는 반대편에서 차선을 무시하며 그들에게 달려오는 차를 보자 순간 긴장을 했다. 그는 라이트를 켜고 있었지만 굵은 빗줄기에 가려져 상대방 운전자가 그들을 봤을 때는 이미 너무 늦은 상태였다. 파이는 반대편 차를 피하려고 급하게 운전대를 틀었지만 저속 기어라 완전히 피할 수가 없었다.

반대편 차는 운전석 옆쪽과 추돌하고 말았고 그 바람에 파이의 한 쪽 다리가 다른 쪽 다리 위로 홱 젖혀졌다. 그는 고통에 비명을 질렀다. 아내의 입에서도 비명이 터져 나왔다. 그는 차를 세우려고 했지만 통제 불능이었고 결국 차는 두 차례 구른 다음 벼랑에 절반쯤 걸치면서 겨우 멈추었다. 깨진 앞 유리를 통해 비가 쏟아졌고 그의 얼굴은 흠뻑 젖었다. 그는 움직이려고 했지만 그럴 때마다 엄청난 고통이 온몸으로 전해졌다. 그는 가장 먼저 뒷좌석에 있던 어린 아들이 떠올랐다. "주니뉴." 그는 소리를 지를 수도 없어 간신히 중얼거렸다.

파이는 다리에 감각이 없었다. 주니뉴! 아들은 어디 있는 걸까? 그는 조수석을 보자 아내는 안전벨트를 한 상태로 앉아 있었고 그녀의 눈꺼풀이 떨리고 있었다. 그는 자신들의 위치를 확인하려고 머리를 약간 움직였다. 나딘이 고통스럽게 신음했다. "나딘!" 그는 아내를 깨우려고 소리쳤다. 아들의 소리는 들리지 않았다. 온통 빗소리만 들릴 뿐이었다.

나딘이 신음을 하며 눈을 떴다. 그녀는 본능적으로 뒤돌아 주니뉴를 확인하려고 했지만 몸이 말을 듣지 않았다. "주니뉴." 그녀는 작은 소리로 중얼거렸다. 뒷좌석에 있어야 할 아기가 보이지 않았다. 겁에 질린 그녀는 다시 뒤돌아보려고 했지만 고통이 너무 심했다. 팔을 보니 온통 멍투성이였다. 깨진 유리 파편도 여기저기 박혀 있었다.

주니뉴는 보이지 않았다.

파이의 눈에서 눈물이 왈칵 쏟아졌다. 그는 작은 소리로 중얼거리듯 기도하며 아들 대신 자신을 데려가라고 신께 빌었다.

"이렇게 죽는구나." 그는 앙다문 입술 사이로 중얼거렸다. 정말로 끝이라고 생각했다. 나딘은 아무 말도 없었다.

나딘은 의식을 차렸다 잃기를 반복했다. "주니뉴." 그녀는 다시 아들의 이름을 중얼거렸다. 통증이 심했다.

그녀는 남편이 움직일 수 없다는 것을 알고 어깨로 문을 밀쳐보았다. 하지만 차체가 비틀어져서 문은 열리지 않았고 그녀의 힘으로는 어쩔 도리가 없었다. 그녀는 깨진 창문 너머를 보았다. 차는 벼랑 끝에 걸쳐있었고 그 밑으로는 험난한 계곡이었다. 순간 그녀는 비명을 질렀다.

"뒤로 나가." 파이가 힘없이 말했다. 차가 흔들거리며 삐걱댔다. 양쪽 다리 모두 통증이 심했다. 그는 몸을 많이 움직였다가는 차가 절벽 아래로 곤두박질칠까 봐 두려웠다.

"뒷문 창문으로." 그는 간신히 다시 말했다.

나딘은 몸을 조금 움직일 수 있는 공간을 찾았다. 고개를 끄덕인 그녀는 간신히 다리를 빼냈고 그제야 뒷좌석을 둘러볼 수 있었다. 주니뉴의 카시트는 바닥으로 기울어져 있었고 아들은 그 안에 없었다. 눈물이 그녀의 뺨을 타고 흘러내렸다. 뒷문 창문은 완전히 깨진 상태였다. 그녀는 불길한 생각에 사로잡혀서 뒤쪽 도로를 여기 저기 쳐다보았다. 혹시나 아들이 도로 어딘가에 떨어져 있을지도 모른다는 생각이 스쳤다.

"거기 누구 다쳤나요?" 그때 낯선 목소리가 들렸다. 가까이에서 나는 소리였다.

파이는 나딘을 쳐다보았다. "누구지?" 그가 고개를 돌려보니 나딘이 앉은 조수석 창문으로 웬 남자가 보였다.

"움직일 수 있어요?" 그 남자가 물었다.

"아뇨." 파이가 간신히 대답했다.

차 뒤쪽으로 간 남자는 차가 벼랑에 걸쳐있는 상태를 살펴보고는 나딘 쪽으로 돌아왔다. "얼른 이쪽으로 오세요. 제가 꺼내드리겠습니다."

나딘은 고개를 끄덕이고 앞좌석에서 뒷좌석으로 기어가 뒷문 창문을 통해 밖으로 무사히 나왔다. 순간 차가 다시 흔들렸고 벼랑 아래로 흙이 떨어졌다. 돌들이 저 아래 강물 위로 굴러 떨어졌다.

그 남자는 나딘을 도로 건너편 안전한 곳으로 끌어당겨 경사진 곳에 앉혔다. 그리고 급하게 파이가 있는 쪽으로 달려갔다.

"움직이지 말고 계세요. 제 아내에게 차로 가서 앰뷸런스를 부르라고 했습니다."

"우리 아들이……" 파이가 중얼거렸다.

남자의 눈이 휘둥그레졌다. "아기가 있나요?" 그는 뒷좌석을 살폈다. 카시트는 뒤집어진 채 깨진 유리만 가득했다. 그는 조수석 쪽으로 가서 힘껏 문을 당겼다. 문은 꿈쩍도 하지 않았다. 손잡이를 꽉 잡고 다시 한 번 힘껏 당기자 큰 소리와 함께 문이 열렸다. 그는 몸을 숙여 뒷좌석의 유리 조각들과 흐트러진 담요를 헤치고 아기를 찾아보았다. 그리고 그는 깊은 안도의 한숨을 쉬었다. 남자는 뒷좌석 아래로 손을 뻗어 주니뉴를 안았다. 주니뉴의 얼굴에는 피가 묻어 있었다. "찾았어요! 살아 있습니다!"

파이는 순간 온몸의 긴장이 풀리는 것을 느꼈다.

남자는 셔츠를 가져와 주니뉴의 얼굴에 묻은 피를 닦고는 눈썹 위에 베인 상처가 난 것을 보았다. 마치 거꾸로 된 쉼표 모양

같았다. 상처를 잠깐 누르고 있자 피가 멈추었다.

"애 엄마한테 데려다주세요. 부탁합니다." 파이가 거칠게 숨을 몰아쉬며 말했다.

남자는 안고 있는 아기를 보고 미소를 보이자 주니뉴도 웃었다. 남자는 서둘러 아기를 나딘에게 데려갔다.

아들을 본 나딘은 자기도 모르게 벌떡 일어섰다. 통증에 얼굴을 찡그렸지만 이내 달려가서 남자의 품에 있던 주니뉴를 받았다. "신이시여, 감사합니다. 감사합니다." 나딘은 몇 번이나 이렇게 말하고는 눈물을 흘리며 아기를 가슴에 꼭 안았다.

"신께서 이 어린 아기를 축복해주셨네요." 남자가 말했다. "그나저나 아기가 부인의 미소를 꼭 닮았어요."

나딘은 목이 메었지만 미소를 지었다. "정말 감사합니다." 나딘의 눈에는 하염없이 눈물이 흘렀다.

비가 그치고 저 멀리서 앰뷸런스 소리가 들렸다. 나딘은 몰려오는 통증을 참으며 두 눈을 꼭 감았다.

"앰뷸런스가 올 때까지 옆에 있어드리겠습니다."

생명의 은인인 남자는 나딘의 옆에 앉았다.

파이의 귀에 두 가지 소리가 들렸다. 하나는 도로 건너편에서 아내가 희미한 목소리로 남자와 말하는 소리였고 또 하나는 앰뷸런스 사이렌 소리였다. 그는 두 눈을 감으며 '이제 괜찮을 거야'라고 생각했다.

CHAPTER 2

마법사와 마법사 아들

브라질에서 축구는 단순히 게임이 아니다. 축구는 삶 그 자체이자 열정이고 삶에 대한 끝없는 사랑이자 나라의 춤을 상징한다. 브라질은 이렇듯 신나게 놀기를 좋아하고 삼바 리듬과 축구로 그것을 표현하는 나라이다.

셀레상Seleção이라는 애칭으로 알려진 브라질의 축구 국가대표팀은 FIFA 월드컵 역사상 가장 큰 성공을 거둔 팀이다. 1958년, 1962년, 1970년, 1994년, 그리고 2002년 등 모두 다섯 차례 월드컵에서 우승했다. 또한 FIFA 컨페더레이션스컵에서도 네 차례 우승하는 등 가장 큰 성공을 거둔 대표팀이기도 하다. 브라질은 10년마다 세계적인 축구 선수를 배출해 전 세계 최고의 클럽에서 브라질 스타일의 축구를 선보이고 있다. 브라질의 자랑 펠레Pelé는 축구 역사를 통틀어 최고의 선수로 꼽힌다. 그 외에 가린샤Garrincha, 지코Zico, 토스타오Tostão, 로마리오Romário, 호나우두Ronaldo 등 브라질 출신의 수많은 선수들이 세계 축구에 변하지 않을 영향을 남겼다.

음악과 축구가 주는 즐거움은 브라질 전역에 퍼져 있으며 브라질 사람들의 피 속에서도 흐른다. 브라질 축구는 효율성과 전술뿐만 아니라 즐거움과 아름다움을 중요하게 여긴다. 브라질에서 축구는 삶의 방식일 뿐만 아니라 하나의 예술이다.

수많은 브라질 사람들과 마찬가지로 파이에게 축구는 공기와 마찬가지였다. 그는 부상으로 일 년 이상 쉬면서도 하루 빨리 다시 축구를 하고 싶어 했다. 1992년 2월 5일에 태어난 아들이 그보다 더 빨리 걸었다.

자동차 사고가 난 지 몇 달 후, 일을 하지 못해 돈이 다 떨어지자 파이는 가족을 데리고 노티카 3에 있는 부모님의 집으로 이사를 했다. 노티카 3는 상비센치의 중산층이 사는 교외 지역이었다. 사고가 나던 날, 그들은 노티카 3에 있는 본가를 방문하러 가는 길이었다. 자동차 수리공인 아버지 일제마르Ilzemar는 아들 파이에게 정비소의 일자리를 내주어 함께 일하도록 했다. 다리를 다친 그는 평생 열정을 다한 축구를 당분간 포기해야만 한다는 사실을 잘 알고 있었다. 당장은 아내와 어린 아들을 부양하는 일이 더 중요했다.

이웃들은 그들이 이사하는 것을 도와주었다. 파이는 앞으로 살게 될 가장 큰 방에서 휠체어에 앉은 채로 이웃들에게 짐을 어디에 놓아야 하는지 지시했다.

"침대는 벽에 붙여주시고 서랍장은 구석에 놓으시고 장식장은 옆에 놔주세요. 침대 옆에는 지나다닐 공간이 남게 해주시고요. 제가 같이 못해서 죄송합니다." 파이가 방 가운데에서 휠체어에 앉아 말했다. "아직은 걸을 수 없어서요."

이웃 중 한 명이 그의 말을 가로막았다. "네이마르 씨, 그런 말씀 마세요. 일제마르 씨한테 얘기 다 들었습니다. 이 집도 축구 선수 생활하면서 사주신 거라면서요."

"가족이니까요." 파이가 짐을 정리해주는 친절한 이웃들을 보며 말했다.

"이웃이니까 당연히 도와야죠." 이웃이 말했다.

이삿짐 정리는 금방 끝났고 파이는 한 살배기 아들과 놀아주었다.

"주니뉴, 아빠한테 오렴!" 파이가 축구공을 내밀며 말했다.

방안을 기어 다니던 주니뉴가 멈추었다. 주니뉴는 까만 머리와 까만 피부, 초롱초롱 빛나는 까만 눈동자에 또래보다 키가 크고 마른 체구였다. 눈썹 위에는 자동차 사고 때 유리가 박혀 생긴 쉼표 모양의 흉터가 있는데 눈에 거의 띄지는 않았다. 축구공을 본 주니뉴가 곧바로 아버지에게로 기어갔다. 아버지에게로 기어간 주니뉴는 몸을 일으켜 세워 두 손을 내밀며 알아듣기 힘든 말을 했다. 정확하지는 않았지만 "공 주세요!"라는 말이 분명했다. 파이가 장난치며 공을 주지 않자 주니뉴는 까르르 웃음을 터뜨렸다.

파이는 아들에게 공을 주었다. 파이를 보고 있으니 아버지 일제마르가 자신이 프로 선수가 되는 것을 반대했던 일이 떠올랐다. 그의 아버지는 "우선 진짜 직업을 먼저 구해라. 축구는 두 번째야."라고 했다. 하지만 파이는 자신의 아들인 네이마르 주니어에게는 다른 계획을 가지고 있었다. 주니뉴가 축구를 열심히 하라고 격려해 줄 생각이었다. 누가 아는가? 자신이 이루지 못한 원대한 꿈을 아들이 이뤄줄지도 모른다. 그는 이것이 가치 있는 꿈이라고 생각하면서 아들을 최대한 지지해주기로 다짐했다.

몇 달 후 주니뉴는 마당에 서서 얼굴에 미소를 가득 담은 채 축구공을 들고 아버지의 휠체어로 비틀거리며 걸어갔다. 이내 공을 놓치고는 뒤로 넘어졌지만 말이다. 나딘과 함께 현관 계단에 서서 지켜보던 할머니와 할아버지를 포함해 모두가 웃음을 터뜨렸다.

파이가 아들을 일으켜주려고 일어서자 아내가 말렸다. "가만히 앉아 있어요." 그녀는 주니뉴를 일으키고 흙을 털어주었다.

주니뉴는 곧바로 다시 공을 잡았다.

파이는 아내에게 미소 짓고 다시 휠체어에 앉았다. 그는 아직 회복이 덜 된 고관절에서 통증이 느껴지자 얼굴을 찡그렸다. "일어서는 것도 이렇게 아픈데 어떻게 그라운드에 다시 나갈 수 있지?"

"아직은 안 돼요." 나딘은 평소와 다름없이 말하고 시부모님과 함께 안으로 들어갔다.

"난 꼭 돌아갈 거야." 그는 식구들이 전부 사라졌을 때 혼잣말처럼 중얼거렸다. 그는 다시 자리에서 일어나 균형을 잡았다. 스스로 자랑스러워하면서 비틀거리며 한 걸음 내딛고 아래를 보았다.

주니뉴가 앞에 서서 아버지를 쳐다보고 있었다. 주니뉴는 아버지가 걷는 모습을 보고 웃으면서 박수를 치다가 공을 떨어뜨렸다.

파이는 웃음을 터뜨렸다. 웃으면 통증이 느껴졌지만 상관없었다. 그는 손을 뒤로 내밀어 휠체어를 잡아당기고 다시 앉았다. 가족 중에 누가 보는 사람이 없는지 다시 현관 쪽을 재빨리 쳐다보았다. 그가 아들에게 손을 내밀자 주니뉴가 기어와 무릎에 앉았다. "내가 축구를 다시 할 수 없게 되면 너한테 축구를 가르쳐주마." 그는 한 살배기 아들을 가슴에 꼭 안고 말했다.

몇 달이 더 흐르고 그의 부상도 조금씩 회복되었다. 아들도 계속 자랐고 두 사람 모두 똑바로 설 수 있게 되었다. 하루는 파이가 지팡이를 짚은 채 거실 한 구석에 서서 아들에게로 공을 굴렸다. 주니뉴는 정확하게 발로 공을 잡았다. "잘했어!" 파이가 칭찬했다.

주니뉴의 얼굴에 미소가 번지고 눈이 반짝였다. 주니뉴는 아버지 쪽으로 공을 찼고 공은 정확하게 굴러왔다. 아버지가 공을 잡았다. 아직도 통증이 있었지만 날마다 좋아지고 있었다. 파이는 공에서 발을 떼고 지팡이로 골프를 치듯 쳤다. 주니뉴가 박수를 치며 외쳤다. "나도! 나도!" 주니뉴는 아버지의 지팡이로 손을 뻗었다. 자신도 해보고 싶었던 것이다.

파이가 웃으며 고개를 저었다. "안 돼! 손을 쓰면 안 돼! 아빠는 아직 발로 공을 찰 수가 없어서 그런 거야. 나도 발로 차고 싶단다." 지팡이를 흔들면서 말하는 아버지를 보며 주니뉴가 까르르 웃음을 터뜨렸다.

어느 날 주니뉴는 마당 뒷문에 서서 자기가 가장 좋아하는 축구공을 휙 던졌다. 그런데 공이 집안으로 들어가 부엌을 향해 굴러갔다. 엄마보다 먼저 공을 잡으려면 재빨리 안으로 들어가야만 했다.

"한 번만 더 던졌다가는 저녁밥 대신 축구공을 먹으라고 할 거야!" 엄마가 소리쳤다. 주니뉴는 걱정이었다. 가장 좋아하는 공인데 어떻게 먹는단 말인가. 생각만 해도 겁이 났다. 한 번 시험 삼아 핥아본 적이 있는데 끔찍한 맛이 났기 때문이었다. 풀, 흙 등 공에 묻어 있는 것들의 맛이 났다.

파이는 지팡이를 짚고 아들이 있는 곳으로 왔다. "밖에 나가자, 주니뉴. 안에서 공놀이를 했다간 엄마가 화를 낼 거야."

주니뉴는 공을 가슴에 끌어안았다. 아버지가 아들의 어깨에 손을 올리고 문밖으로 나가도록 도와주었다. 아버지와 아들 단 두 명뿐이지만 길거리에서 축구 시합이 벌어졌다. 언제나 그랬다.

파이는 아내에게도 자세히 말하지 않았지만 지금 그의 인생에서 가장 중요한 것은 아들에게 축구를 가르쳐주는 일이었다. 그는 아들에게 가르쳐 줄 것이 많았다. 비록 사고로 일 년 동안 걷지도 못했지만 그래도 두 다리가 무사하다는 사실에 신에게 감사했다. 앞으로 축구를 다시 할 테지만 언제가 될지는 하늘의 뜻에 달려 있었다. 그동안은 아들에게 자신이 축구에 대해 아는 모든 것을 가르쳐줄 생각이었다.

CHAPTER 3

홈 사커

"주니뉴 선수가 공을 던집니다!" 주니뉴는 이렇게 소리치고 방 안으로 공을 던졌다. 그는 선수와 해설자 역할을 동시에 하고 있었다. 공은 침대에서 굴러 좁은 복도로 떨어졌고 장식장 옆을 스치며 굴러갔다. 주니뉴는 왼발로 공을 컨트롤하면서 능숙하게 오른발로 보내더니 침대를 따라 드리블을 하고 찼다. 공은 부엌을 지나 뒷문 밖으로 나갔다. "골입니다!!!!!!!!!" 주니뉴가 두 팔을 치켜들고 펄쩍 뛰며 외치더니 한 팔로 펀치를 하는 듯한 세레모니를 했다. 부엌에 있던 나딘은 집안에서 축구를 하는 4살짜리 아들을 혼내는 일을 오래 전에 포기한 상태였다.

할머니와 할아버지는 다른 방을 써서 네이마르 가족은 집안에서 가장 큰 방을 사용했다. 침대와 장식장, 서랍장이 들어가 있고 침대 옆에 놓인 서랍장이 벽 역할을 했다. 여동생 라파엘라 Rafaella가 태어나자 침대는 더 꽉 차고 시끄러워졌다.

침대는 벽에 나란히 붙어 있었다. 침대 발치에 놓인 서랍장의 앞쪽과 침대 발치 사이에는 좁은 통로가 만들어졌다. 침대 옆에 놓인 장식장은 방을 반으로 나눠주는 칸막이 역할을 했다. 이렇게 해서 안쪽 벽에 붙은 침대의 끝부분에서 머리맡까지 통로가 만들어졌다. 커다란 L자 모양의 통로였다. 이 정도면 주니뉴에게는 축구를 하기에 충분한 공간이었다. 주니뉴는 통로의 양끝을 오가며 공을 찼고 공에 발을 올려놓고 반대 방향으로 슛을 날렸다. 비좁은 통로에서 왔다 갔다 드리블을 하면서 자신만의 움직임을 만들어냈고 완벽해질 때까지 연습했다.

"바이시클 킥!" 주니뉴는 이렇게 소리치고는 날아올라서 뒤로 공을 찼고 공은 침대에 가득한 공들 사이로 날아갔다. 위로 번쩍 뛰어올라 침대에 착지하자 소중하게 모은 축구공들이 사방으로 흩어졌다.

"패널티킥입니다!"

주니뉴는 스무 개 정도 되는 공이 사방으로 흩어지는 모습을 보았다. 흠집 난 공, 반짝반짝 빛나는 공, 큰 공, 작은 공 등 여러 가지였다. "미안해, 친구들!" 주니뉴는 재빨리 달려가 공을 모아 침대로 가져왔다. 하나는 꼭 쥐고 있었다. 어디를 가든 공과 함께였다.

파이는 외곽에 위치한 자신의 아버지의 자동차 정비소에서 일했다. 하지만 경기가 좋지 않아 정비소 운영 상태도 썩 좋지는 않았다.

"매출이 계속 떨어지고 있어서 아버지가 다른 일을 구해보라고 하셔." 그는 주니뉴와 아직 갓난아기인 라파엘라와 함께 식탁에 앉아 있는 나딘에게 말했다.

"저도 할아버지를 도와주고 싶어요." 주니뉴가 말했다.

"넌 일하지 않아도 돼." 파이가 포크로 아들을 가리키며 말했다. "넌 아직 어리잖니. 넌 노는 게 일이야."

주니뉴는 잠시 생각을 하더니 미소를 지으며 "네."라고 말하고 포크로 음식을 집었다.

"어떻게 하죠?" 나딘이 남편에게 물었다.

"엔진 기화기에 껌이 붙어서 왔던 손님 알지?"

"네, 알아요." 사실 나딘은 그 손님이 누구인지 알지 못했다.

"아무튼 그 손님이 산투스에 있는 트래픽 엔지니어링 회사에 자리가 났다는 거야. 정비사를 구한대. 지원해 보려고."

"잘 됐네요! 당신은 실력이 좋으니까 그 사람들이 오히려 이익이죠. 월급은 많이 준대요?"

파이는 어깨를 으쓱했다. "다른 곳과 비슷해. 최저 임금. 거기에 취직이 돼도 생활비가 부족할 테니 직장을 하나 더 구해야 할 거야."

나딘이 웃음을 터뜨렸다. 놀랍지 않은 일이었다. 브라질에는 일자리가 많았다. 단지 월급을 많이 주지 않을 뿐이었다. 그래서 대부분은 세 가지 정도의 일을 해야만 생활을 꾸려갈 수 있었다. 딸 라파엘라까지 태어나 부양할 가족이 늘었으니 일을 더 많이 해야만 했다. 그가 건강한 몸으로 일할 수만 있다면 자식들을 굶기는 일은 없을 터였다.

며칠 후 그는 산투스에 있는 트래픽 엔지니어링 회사의 감독관과 악수를 나누었다. "우리 회사에는 자네 같은 실력을 가진 정비사가 필요하네."

"후회하지 않으실 겁니다."

그러자 감독관이 흥미로운 이야기를 꺼냈다. "실력 있는 축구 선수라고 하던데."

그는 감독관이 어떻게 알았는지 궁금했지만 이 동네에서는 축구에 관한 소문이라면 금방 퍼진다는 사실을 곧 떠올렸다. "축구를 좋아합니다. 최고까지는 아니지만 꽤 괜찮은 선수였습니다."

"잘됐네. 축구 얘기를 할 사람이 필요했는데. 내일부터 출근하게." 이렇게 말하고 일어선 감독관이 한 마디 더 했다. "나도 직장이 두 개라네." 그는 웃으면서 안으로 들어갔다. 그는 감독관이 마음에 들었다.

커브길에 서서 신호등이 바뀌기를 기다렸다가 조심스럽게 길을 건넜다. 한 가게의 간판이 보였다. 가까이 가보니 문에 뭐가 붙어 있었다. 판매원을 구한다고 적혀 있었다. 그곳은 정수기 판매점이었다.

그는 가게 안으로 들어가 지원했다. 주인은 그가 마음에 들었다. 그가 나가기 직전에 정수기가 한 대 팔렸기 때문이었다. 그의 업무는 집집마다 다니면서 파나소닉 정수기를 파는 일이었다. 운이 좋은 하루였다. 이제 그는 아버지의 가게 일 돕는 것을 포함해 세 가지 일을 하게 되었다. 가족을 먹여 살리기에 충분할 터였다. 그는 집으로 돌아가는 길에 나딘이 좋아하는 딸기를 샀다. 아내에게 딸기를 주면서 새 일자리를 두 개나 구했다고 말하자 나딘은 파이에게 입맞춤을 해주었다.

집에서 하는 축구는 처음엔 무척 재미있었지만 혼자 하니까 슬슬 지루해졌다. 주니뉴는 다른 아이들과 함께 진짜 축구를 하고 싶었다. 골대와 상대팀이 있는 진짜 축구 경기! 주니뉴는 엄마에게 사촌들을 불러서 축구를 하고 싶다고 졸랐다. 사촌 제니퍼Jenifer가 두 살배기 라파엘라를 봐주러 들르자 주니뉴는 제니퍼에게 골대 역할을 해달라고 했다.

잠시 후 사촌 로레인Lorrayne과 레이사Rayssa가 왔고 그들은 상대팀이 되었다. 그들은 어떻게 플레이를 해야 할지 몰라서 주니뉴는 그들이 수비수라고 생각했다. 자신의 축구 지식을 총동원한 주니뉴는 라파엘라가 상대팀 골대 역할을 하기에 충분한 나이라고 생각했다. 세 명의 사촌들은 모두 그 지역 축구 클럽의 유니폼을 입고 있었다. 라파엘라에게도 네 사이즈나 큰 유니폼을 푸대 자루처럼 입혀 놓았다. 자신의 팀과 상대 팀을 훑어본 주니뉴는 만족스러웠다. 지금까지 혼자서 한 축구와는 다를 테니까.

큰아버지, 큰어머니, 할아버지, 할머니는 밖에서 과일이 들어간 시원한 여름 음료를 마시며 대화를 나누고 있어서 집안에서 무슨 일이 벌어지는지 몰랐다.

주니뉴는 거실에 섰다. 관중들이 환호를 보내는 모습을 상상했다.

로레인과 레이사는 웃기만 할 뿐 움직이지 않았다.

골대 역할을 맡은 제니퍼는 바위덩어리처럼 꿈쩍도 하지 않았다. 멍하니 앞을 쳐다보고는 있었지만 속으로는 웃음이 터져 나오려는 것을 간신히 참고 있었다. 라파엘라는 웃으면서 제니퍼에게 걸어갔고 제니퍼는 라파엘라를 원래 있어야 할 왼쪽 골대로 돌려보냈다.

주니뉴는 로레인과 레이사 사이를 빠르게 달려 모두 제쳤다. 두 사람이 쫓아오자 반칙을 유도했다.

"패널티킥!" 주니뉴는 이렇게 외치고 공을 낚아챘다. 장식장 옆으로 패널티킥을 차러 갔다. 왼발로 날린 공은 신발을 보고 있는 라파엘라와 어떻게 해야 할지 몰라 망설이는 제니퍼 사이로 멋지게 날아갔다.

"골!!!!!!" 주니뉴는 힘차게 소리치며 허공으로 주먹을 날리는 세레모니를 했다.

파이와 나딘, 파이의 형과 형수, 할머니, 할아버지는 안에서 들려오는 소리에 웃음을 지었다. 주니뉴는 축구를 좋아했고 항상 축구공을 옆구리에 끼고 있었다. 브라질에서는 흔히 있는 일이었다. 축구를 좋아하는 아이들이 셀 수 없이 많았다.

세 가지 일을 하면서도 가족들을 먹여 살리기 힘든 상황이었지만 파이는 아들이 특별하다는 사실을 알았다. 언젠가 그 아이가 훌륭한 프로 선수가 되어 자신의 못 다 이룬 꿈을 이뤄줄지도 모른다고 기대했다. 그때까지는 주어진 것에 감사하며 살아가야 할 것이다. 그는 자신의 가족이 운이 좋다고 생각했다. 행복이 느껴지자 얼굴에 미소가 피어올랐다.

집안에서는 잠시 후 또 골이 터졌다. 골은 계속 이어졌다. 집에서 한 축구 경기 중 최고였다.

CHAPTER 4

스카우터 베티뉴와의 만남

파이가 다시 축구 선수로 돌아갈 준비가 되었다고 생각한 것은 아들 네이마르 주니어가 6살이 된 1998년이었다. 그는 골키퍼를 포함해 양 팀 선수가 각각 다섯 명으로 이루어지는 비치 사커인 '비살beasal'로 시작하기로 결심했다. 친구들과 비살을 하다가 지역의 비살팀인 헤칸토Recanto의 감독 눈에 띄었다. 감독은 그의 실력을 눈 여겨 보고 팀에 입단시켰다.

"자네 최고의 실력을 가졌더군." 감독이 말했다.

"그 정도는 아닙니다. 사고 전에는 최고였을지 몰라도 지금은 아닙니다. 지금은 자동차 정비사와 정수기 판매원으로 일하고 있어요. 하지만 축구를 좋아합니다. 삶의 재미죠."

"사는 재미를 잃으면 안 되지. 마침 '지하실'에 에이스가 없으니 자네가 들어와 주면 좋겠네." 감독이 손을 내밀었다. '지하실'은 비살 리그의 애칭이었다.

"어떤가?"

파이는 웃으면서 감독의 손을 잡았다. 그는 그렇게 다시 축구를 하게 되었다. 돈은 벌지 못하지만 그래도 행복했다.

그는 프라이아 그란데 근처의 해변에서 이루어진 리그 경기에서 헤칸투 다 빌라Recanto da Vila 팀의 유니폼을 입고 출전했다. 상대팀인 투미아루Tumiaru 선수가 반칙을 저질렀고 파이는 패널티킥을 찰 준비를 했다. 자동차 사고 후 거의 6년이 지났고 부상도 거의 나아지고 있었지만 여전히 고관절 통증은 어쩔 수 없었다. 겉으로는 괜찮아 보였지만 실력이 예전만 하지 못하다는 사실을 그는 잘 알고 있었다.

해변의 관중석에서 6살 아들 네이마르 주니어는 사람들 사이를 오가며 아버지의 움직임을 흉내 냈고, 나딘은 옆에 앉은 2살짜리 딸 라파엘라를 한 손으로 안은 채 남편과 상대 선수를 유심히 지켜보고 있었다.

나딘은 어린이집에서 조리사로 일했는데 다행히 헤칸투의 친선 경기가 열릴 때마다 휴가를 얻을 수 있어서 경기가 있을 때마다 온 가족이 응원을 하러 갔다. 그녀는 남편이 경기가 있을 때마다 모든 것을 다 바쳐서 임한다는 사실을 알 수 있었다. 아들 역시 마찬가지였다. 파이가 움직이면 그 움직임을 그대로 흉내 냈다. 아버지의 지식이면 지식, 움직임이면 움직임, 스텝이면 스텝, 볼 터치면 볼 터치 등 모든 것이 아버지에게 뒤처지지 않았다. 관중석에 있는 데도 오히려 주니뉴의 움직임이 더 빨랐다. 그 아이에게 장애물은 거슬리는 것이 아니라 오히려 극복의 대상이었다.

파이는 패널티킥을 날렸지만 실패했다.

나딘은 해변에서 경기를 보는 있는 한 남자를 보았다. 적어도 그녀의 눈에는 그가 경기를 보는 것처럼 보였다. 그런데 뭔가 이상해 보였다. 그가 경기를 보다 말고 갑자기 뒤돌아서더니 나딘을 똑바로 쳐다보는 게 아닌가!

그는 경기에 전혀 반응을 보이지 않았다. 그의 시선은 가장 좋아하는 공을 발에서 놓지 않고 비좁은 관중석 사이를 달리는 주니뉴에게 고정되어 있었다.

그 남자는 거의 매일 저녁, 식사를 하기 전에 해변으로 연습을 하러 오는 아들을 찾으려고 온 것이었다.

그는 파산 직전이었다. 이제 막 40세가 된 그는 자신의 좋은 시절은 전부 다 지나간 상태였다. 한때 그는 스타였다. 축구 선수로 스타가 된 것이 아니라 산투스$^{Santos\ FC}$를 비롯한 여러 팀에 훌륭한 선수들을 발굴하여 소개해준 일로 유명해진 것이었다. 브라질의 슈퍼스타 호비뉴^{Robinho}도 그가 스카우트했다. 하지만 8년이 지난 지금 그는 무일푼 신세였다. 빨리 또 다른 스타급 선수를 찾아내지 않으면 안 되었다.

관중석에서 본 꼬마는 그가 만들고자 하는 풋살^{futsal}팀의 선수로 안성맞춤이었다. 그가 생각하기에 꼬마는 정말 빨랐다. 자신감도 넘쳤다. 타고난 듯했다. 놀라웠다. 아직 어린 나이인데 저렇게 좁은 장소에서 저만큼 공을 컨트롤할 수 있다니.

해변을 달리던 한 남자가 그를 알아보고 말을 걸었다.

"베티뉴^{Betinho}! 비살 경기 보러 온 건가?"

"아들 찾으러 왔다네, 친구!" 베티뉴가 조깅하는 남자에게 소리쳐 대답했다. "우리 팀 선수도 찾으면 좋고." 베티뉴는 남자가 사라지자 혼잣말로 중얼거리고는 손수건을 꺼내 이마를 닦았다. 날씨가 더워서 눈을 뜨고 있기도 힘들었다. 그는 잠시 후 다시 관중석의 꼬마를 쳐다보았다. 꼬마는 그의 아들과 비슷한 또래로 보였다. 그가 만들려는 팀에 필요한 연령대였다. 해변에서 이루어지는 비살 경기도 그의 날카로운 눈을 사로잡았다. 꼬마의 아버지는 꽤 실력이 좋았다. 엄마는 키가 크고 아름다웠다. 훌륭한 유전자를 가지고 태어났으니 가능성이 있었다.

나딘이 경기 중인 남편을 보고 있을 때 웬 그림자가 다가왔다. 고개를 들어보니 베티뉴가 서 있었다.

"공을 컨트롤하는 실력이 보통이 아니군요." 그가 옆에 앉으며 말했다.

"교통사고 후 회복하느라 오래 쉬었다가 지금 막 복귀한 거예요." 나딘은 남자가 남편에 대해 하는 말인 줄 알고 대답했다. "5년 동안 축구를 하지 못했답니다. 믿어지세요?"

"5년이라고요? 하지만 겨우 6살 정도로밖에 보이지 않는데요!"

나딘은 혼란스러운 표정으로 남자를 쳐다보았다.

베티뉴는 웃으면서 그쪽으로 드리블해서 오고 있는 주니뉴를 가리켰다. "저 아이 얘기였습니다. 아드님 맞죠? 많이 닮았어요. 미소가 닮았네요."

나딘은 웃음을 터뜨렸다. "남편 얘긴 줄 알았어요." 잠시 후 그녀의 표정이 진지하게 변했다. "우리 애가 방해가 되었나요?"

베티뉴는 미소를 지었다. "전혀 그렇지 않습니다." 그가 전단지를 내밀었다. 산투스 FC 산하에 새로 생기는 투미아루 풋살팀에 대한 소개서였다. 1991년과 1992년 사이에 출생한 아이들로 구성될 팀이었다.

나딘은 전단지를 읽어보았다. "우리 주니뉴는 1992년생이에요!"

"잘 됐네요! 이번 주에 데리고 오세요. 그라운드에서 뛰는 모습을 보고 싶군요. 관중석에서만큼 잘한다면 스카우트하고 싶습니다." 그가 잠시 후 물었다. "실례되는 질문입니다만, 애가 어디서 저런 기술을 배운 거죠?"

"집에서 독학했어요." 나딘이 무뚝뚝하게 대답했다.

그날 아버지의 경기를 보러 오기 전에 사건이 있었던 것이다. 주니뉴가 축구공을 차는 바람에 램프가 창문의 블라인드에 부딪히고 넘어지면서 전구가 깨졌다.

"집에서요? 어찌됐든 확실히 재능이 있네요." 남자가 웃으며 말했다.

"정말인가요? 남편하고 상의해볼게요. 아마 승낙할 거예요."

그녀는 다시 즐겁게 경기를 하고 있는 남편에게로 시선을 돌렸다. 얼른 남편에게 소식을 전해주고 싶었다.

CHAPTER 5

생애 첫 팀

아버지는 모터사이클의 속력을 낮추고 45도로 회전했다. 주니뉴는 아버지에게 꽉 매달려 있었다. 이미 여러 차례 아버지의 모터사이클을 탔지만 모터사이클이 빨리 달리거나 갑자기 방향을 바꿀 때면 아직도 무서웠다. 모터사이클이 회전하는 순간 눈을 꼭 감고 떨어지지 않기만을 바랐다. 아버지는 방향을 바꾼 후 클럽 투미아루의 실내 체육관인 바이샤다 산치스타Baixada Santista 경기장 옆의 작은 비포장길을 달리다 자갈이 군데군데 있는 곳에서 멈추었다. 그가 먼저 내린 뒤 아들을 안아 내려주었다. 주니뉴는 무릎이 휘청거렸지만 애써 괜찮은 척했다. 아버지에게 겁쟁이처럼 보이고 싶지 않았다.

아버지와 아들은 언제나 축구 이야기를 했다. 파이는 주니뉴에게 창의성에 대한 이야기를 해주었다. 그는 선수들이 자신만의 플레이를 창조하는 방법에 관하여 이야기했다. 훌륭한 선수들을 다른 선수들보다 뛰어나고 특별하게 만들어주는 것은 번득이는 창의성이라고 강조했다. 그는 아직 어린 주니뉴가 이해하지 못하는 것을 알고 있었다. 하지만 창의성을 발휘하는 연습은 어릴 때부터 시작해야한다고 생각했다. 그리고 믿음을 갖고 시작해야 했다. 주니뉴는 아버지가 하는 축구 이야기를 지겨워한 적이 한 번도 없었다.

"즉흥성이라고 하지." 파이가 아들을 체육관으로 안내하면서 말했다. "그게 무슨 뜻인지 아니?" 그의 목소리가 체육관 안에서 메아리처럼 울려 퍼졌다.

"아뇨." 아무런 무늬가 없는 티셔츠를 입은 주니뉴가 메아리 소리를 신기해하며 다시 한 번 대답했다.

"훌륭한 선수의 영혼 같은 거란다. 즉흥성." 아버지가 이번에는 한 자 한 자 강조하며 말했다. "머리에서 발로." 그가 머리를 가리키고 다시 발끝을 가리켰다. "스텝오버stepover 같은 걸 해도 자기만의 방법으로 하는 거지."

"제가 집에서 축구할 때처럼요?"

"바로 그거야. 미리 생각하지 않는 거야. 경기 도중에는 그럴 시간이 없거든. 여기 투미아루 풋살 경기장에서도 마찬가지지. 머리에서 발로. 가슴에서 발로 하는 거야."

주니뉴는 아버지의 표정을 가만히 살피며 고개를 끄덕였다. 그에게 아버지는 세상에서 가장 위대한 사람이었다. 아버지는 프로 선수였고 멋진 축구에 대해 많은 것을 가르쳐주었다. 그가 축구에 대해 아는 것은 전부 아버지와 할아버지에게 배운 것이었다. 그리고 마음 씀씀이에 관한 것은 모두 엄마에게 배웠다.

"너만의 것을 만든 다음 효과가 좋다면 연습을 계속해서 완벽하게 만드는 거야."

"이걸로요? 아니면 이걸로요?" 주니뉴가 오른발과 왼발을 차례로 내밀며 물었다.

"어느 쪽이든 상관없어. 하지만 두 발 모두가 훌륭하다면 이길 가능성이 항상 더 높아지지."

주니뉴는 웃으면서 코를 찡그렸다.

파이도 웃었다. 그는 아들이 정말로 자랑스러움을 신께 감사드렸다. 아들이 코를 찡그리며 웃을 때마다 이마 위의 거꾸로 된 쉼표 모양의 흉터가 보였다. 다른 사람들은 잘 모르지만 그의 눈에는 확 띄었다. 위치를 정확히 알고 있기 때문이었다. 그래서 아들의 미소를 볼 때마다 그 날의 사고가 떠올랐다. 그때 그는 가족들을 잃을지도 모른다는 두려움을 느꼈었다. 그 사건은 아들이 그들 부부에게 얼마나 소중한 존재인지를 깨닫게 해주었다.

"준비됐니?" 그가 아들의 어깨를 잡으며 물었다. 주니뉴도 아버지를 껴안았다. "좀 큰 것만 빼면 집에서 하던 것과 똑같아요!" 네이마르는 베티뉴와 다른 선수들이 기다리고 있는 나무 바닥으로 된 풋살 경기장으로 걸어갔다.

몇 분 후 베티뉴는 주니뉴가 투미아루 풋살 경기장을 누비는 모습을 감탄스러운 표정으로 쳐다보았다. 풋살은 비슷과 마찬가지로 주로 실내에서 축구보다 작은 규모로 실시하는 게임이다. 풋살이라는 이름은 포르투갈어에서 왔는데 '실내 축구^{futebol de salão}'라는 뜻이다. 풋살은 1930년대와 1940년대에 브라질과 우루과이에서 처음 만들어졌다. 각 팀에 골키퍼를 비롯해 다섯 명의 선수가 있고 공도 더 작다. 개인기와 팀플레이를 익히기에 좋은 스포츠이다.

연습 경기가 시작되자 다른 선수들은 어안이 벙벙해졌다. 주니뉴는 너무 빨랐고 자신감도 넘쳤으며 조금도 지치지 않는 듯했다. 베티뉴는 불과 몇 분도 지나지 않아 해변에서 소년을 처음 봤을 때의 느낌이 정확하다는 것을 확신할 수 있었다. "드디어 에이스를 찾았군." 베티뉴는 이렇게 중얼거렸다. 그는 경기장 밖으로 나온 주니뉴를 한쪽으로 데리고 갔다. "우선 넌 합격이다."

주니뉴가 기뻐서 뛰자 아버지가 저쪽에서 다가왔다. 베티뉴가 손을 내밀어 두 사람은 악수를 했다. "아드님이 훌륭합니다."

파이는 미소를 지었다. "실력이 어떤지 물어보려던 참이었습니다."

베티뉴가 주니뉴 쪽을 보고 물었다. "기술을 다 어디에서 배웠니?"

"집에서요." 그러자 파이와 베티뉴가 모두 웃음을 터뜨렸다.

"정말입니다." 파이가 거들었다.

"관중석에서 처음 봤을 때도 감탄했어요. 집에서는 더 잘하겠군요!" 어른들이 웃음을 터뜨리자 주니뉴는 어리둥절했다.

베티뉴는 소년의 실력이 놀라웠다. 비좁은 공간에서 공을 능숙하게 다루는 것이야말로 축구에서 가장 중요한 기술이다. 소년이 공을 다루는 실력은 그가 생각한 것보다 뛰어났다. 파이는 관중석으로 돌아가 아들이 플레이하는 모습을 지켜보면서 나중에 주니뉴에게 짚고 넘어갈 부분을 메모했다.

바이샤다 산치스타의 실내 풋살 경기장은 클럽 산투스의 초보 선수들이 뛰는 곳이기도 했다. 이곳에서 뛰어난 실력을 보이는 아이들은 진짜 경기장으로 나가서 뛸 수 있었다. 파이는 시작이 좋다고 생각했다. 그는 베티뉴의 귀에 대고 작게 말했다. "저는 이만 일하러 가야 합니다."

"아, 제가 실례를 했네요! 진작 여쭤봤어야 하는데. 무슨 일을 하시죠, 실바 산투스 씨?" 베티뉴가 물었다.

"자동차 정비와 정수기 판매 일을 하고 있습니다. 세 군데에서 일하고 있지요. 형편이 어렵다 보니…."

베티뉴는 소년의 집안 형편이 별로 좋지 않다는 것을 처음부터 알 수 있었다. "가정에 도움이 되도록 저희도 최선을 다하겠습니다. 온 가족이 이용할 수 있는 푸드 스탬프를 지원해드리겠습니다. 어떤가요?"

파이는 그 제안이 마음에 들었다. 도움이 절실한 상황이었다. 세 군데에서 일하는 데도 식구들을 먹여 살리기가 쉽지 않았다. 따라서 먹을 것만이라도 해결이 된다면 큰 도움이 될 터였다. 베티뉴의 배려가 고마웠다. 아버지는 미소와 함께 "고맙습니다, 베티뉴 씨. 시작이 좋군요."라고 말했다.

CHAPTER 6

양발로 모두 득점하다!

자르징 글로리아는 산투스와 상비센치에서 약간 떨어진 해변에 있다. 그곳은 칙칙한 판잣집들로 가득한 가난한 동네였다. 다 실바 산투스 가족이 이사한 집도 파이가 초록색 집으로 짓기 전까지는 판잣집이었다. 그 동네에서는 오랜만에 보는 알록달록한 색깔의 집이었다.

    네이마르의 가족이 그 집으로 이사하고 몇 달 후 베티뉴의 차가 도착했다. 그는 차에서 내려 길거리에서 축구를 하는 아이들의 모습을 보았다. 아이들은 오르막길에 있었는데 그는 셔츠를 느슨하게 풀고 아이들에게로 다가갔다. 길 한가운데에 있는 주니뉴가 가장 먼저 보였는데, 주니뉴는 발에서 공을 놓지 않고 길을 오르고 있었다. 베티뉴가 헛기침을 하자 모든 아이들이 멈추었다. "늦었잖니! 오늘 경기 있는데!" 동네 친구들은 연습이나 경기가 있는 날에는 주니뉴가 가야 해서 그만 놀아야 한다는 사실을 알고 있었다.

파란색과 하얀색으로 된 투미아루의 7번 유니폼을 입은 주니뉴가 활짝 웃는 얼굴로 걸어왔다. 주니뉴와 베티뉴는 함께 차가 세워진 곳으로 내려갔다. 두 사람은 베티뉴의 낡은 차를 타고 풋살 경기를 하러 출발했다.

지난 몇 달 동안 여러 번의 경기를 거친 주니뉴는 7번 유니폼을 얻었다. 모두가 그의 실력을 인정했다. 하지만 주니뉴만은 예외였다. 주니뉴는 자신의 실력이 뛰어나다고 말하는 사람들을 이해하지 못했다. 그에게 축구는 그냥 매일 하는 일과 중 하나일 뿐이었기 때문이었다. 아버지와 할아버지, 그리고 베티뉴가 가르쳐준 대로 하는 것뿐이었다. 장소가 집이든 거리든 관중석이든 경기장이든 상관없었다. 오로지 몸과 마음을 축구에 집중해서 이기는 것만이 중요했다.

주니뉴는 바이샤다 산치스타의 풋살 경기장에서 축구화가 바닥에 닿을 때 들리는 소리가 좋았다. 이쪽에서 저쪽 끝까지 가려면 몇 걸음이나 가야 하는지도 알고 있었다. 같은 팀 선수들이 자신에게서 몇 걸음 떨어져 있는지도 알 수 있었다. 주니뉴는 검은색 곱슬머리에 항상 웃는 얼굴을 하고 있는 친구 두두Dudu와 더블 패스 하는 것을 좋아했다.

하프 타임에 베티뉴가 주니뉴에게 오라고 손짓을 했다. "오른발을 써야지."

"쓰고 있어요." 주니뉴가 답했다.

"오른발만 쓰라는 뜻이다."

주니뉴는 혼란스러운 얼굴로 베티뉴를 처다보았다. "오른발만요?" 잠깐 생각에 잠긴 후 어깨를 으쓱하며 알겠다고 했다.

하프 타임이 끝난 후 서둘러 제 위치로 돌아갔고 경기가 다시 시작되었다. 하지만 생각할수록 혼란스러웠다. 아버지는 양발을 모두 쓰라고 가르쳤다. 하지만 코치는 베티뉴였다. 어떻게 해야 하지?

두두가 물었다. "코치님이 뭐래?"

"오른발을 쓰래."

"다들 하는 소리잖아."

"하지만 난 양발을 다 쓰는 게 좋단 말이야."

"그래. 양발을 쓰니까 잘하지. 수학은 못하지만!"

주니뉴는 얼굴이 빨개져서 제자리에 멈추었다. 학교에서 같은 반인 두두는 주니뉴의 수학 공부를 도와주고 있었다. 주니뉴는 수학이 너무 어려웠다. 그라운드에서는 누가 어디에 있는지 다 알 수 있는데 선생님이 칠판에 푸는 문제는 풀기가 어려웠다. 아주 잠깐 동안 자신이 수학을 못한다는 생각에 팔려있는데 공이 바로 옆을 지나갔다.

다행히 두두가 막아서 주니뉴에게 찔러 넣었다.

"집중해!"

두두는 이렇게 소리치고 한참을 웃었다.

주니뉴도 웃었다. 아버지의 법칙이 떠올랐다. "법칙 62번. 너무 진지하게 고민하지 말 것."

공을 받아 요리조리 뚫고 나아가 골키퍼를 속이고 골대 왼쪽으로 슛을 날렸다. 직장에서 잠깐 시간을 내어 아들의 경기를 보러 온 파이가 자리에서 벌떡 일어나 환호했다. 잠시 후 그는 자리에서 일어난 사람이 베티뉴와 자신뿐이라는 사실을 알았다. 다른 부모들은 서로 이야기하느라 바빠서 주니뉴가 골을 넣은 것도 몰랐다. 잠시 후 다른 아이가 공을 잡자 그 부모가 벌떡 일어났다.

그제야 파이는 모두가 자기 아이밖에 관심이 없다는 것을 깨달았다.

곧바로 주니뉴가 다시 공을 잡았다. 완벽한 기회가 눈앞에 있었다. "왼발로! 왼발로 차!" 사이드라인에서 파이가 이리 뛰고 저리 뛰면서 소리쳤다.

왼발로 차는 게 유리했지만 주니뉴는 코치의 말을 떠올리고 오른발로 슛을 날렸다. 공이 골대 위를 직선으로 지나 관중석으로 날아갔다.

"에이스가 별로네." 선수들의 아버지 중 한 명이 베티뉴에게 내뱉듯이 말했다. 베티뉴는 정중하게 미소 짓고는 무시했다. 그는 부모들 간의 기 싸움에 익숙해져 있었다. 주니뉴는 자신이 날린 슛에 실망했다. 왼발로 찼으면 완벽한 기회였을 텐데 왜 굳이 오른발로 찬 걸까?

사이드라인에 있는 파이도 같은 생각을 하고 있었다. 둘이 함께 연습한 동작이었다. 왜 왼발을 쓰지 않은 거지? 그는 자리에서 일어나 베티뉴에게 갔다. "왼발로 찼어야 하는데요…."라고 파이가 말했다.

베티뉴가 선수들에게서 눈을 떼지 않고 대답했다. "제가 그러지 말라고 했거든요."

파이는 화가 났다. "뭐라고요?"

"오른발을 쓰라고 했습니다. 오른발이 더 강하니까요. 기본이죠. 항상 선수들을 그렇게 훈련시켰고요."

파이는 미소를 지었다. 하지만 이번 미소는 그의 특별한 미소였다. 아내 나딘의 말로는 절대로 거스르고 싶지 않은 미소라고 했다.

"죄송하지만 이렇게는 안 될 것 같군요."

"다 실바 씨, 그건 제 일…."

"그만하세요. 저와 제 아들의 방식에 끼어들지 마세요. 전 지금까지 양발을 모두 쓰라고 가르쳤습니다. 그만큼 아이의 실력이 뛰어나니까요. 제가 당신이라면 훈련 방식을 다시 생각해보겠습니다. 당신에게는 기본일지 몰라도 제게는 그냥 구식처럼 느껴지는군요."

파이는 그렇게 말하고 코트 가까이로 가서 자리를 잡았다. 베티뉴에게는 더 멀고 주니뉴에게는 더 가까운 곳이었다. 공이 바깥으로 나갔을 때 그는 아들에게 잠깐 손짓해 불러서 귀에 뭔가를 속삭였다. 주니뉴는 코치 쪽을 쳐다보고 다시 아버지를 쳐다보더니 고개를 끄덕이고 코트로 돌아갔다.

베티뉴는 머리를 긁적이고는 사소한 일에 시간을 낭비하지 말자고 생각했다. 어쩌면 주니뉴 아버지의 말이 옳은지도 몰랐다. "오늘은 뭐라고 반박할 수가 없군." 베티뉴는 혼잣말을 하면서 의자에 털썩 주저앉았다. 그때 옆에 있던 한 선수의 아버지가 뭔가를 말하려고 하자 베티뉴는 손을 들어 막고는 코트를 가리키며 말했다. "그쪽 아이가 저렇게 잘하면 포워드로 옮겨드리죠." 그 순간 주니뉴가 공을 드리블하다 상대 선수의 다리 사이로 공을 차서 반대쪽 터치라인의 두두에게 패스하는 모습이 보였다. 두두는 공을 잡아서 다시 패스했고 주니뉴가 능숙하게 받아서 골인시켰다.

다음 날 학교 수업이 끝나고 아이들이 길거리에서 축구를 하고 있었다. 베티뉴의 차가 도착했고 그가 아이들에게로 와서 "가자, 주니뉴!"라고 외쳤다.

아이들은 환호하면서 마구 손을 흔들었다. 베티뉴도 즐거워하면서 손을 흔들었다. "어서 가자!" 주니뉴가 손으로 가리키며 소리쳤다. "코치님! 차가!" 베티뉴가 뒤돌아보자 그의 차가 거꾸로 내리막길을 내려가고 있었다! 주차 브레이크를 깜빡했던 것이었다. 그는 어떻게 해야 할지 몰라서 한동안 멍하니 서 있었다. 차는 점점 빠른 속도로 혼잡한 교차로를 향해 내려가고 있었다.

주니뉴와 친구들은 베티뉴의 차를 따라 언덕길을 달려 내려갔다. 주니뉴가 빠르게 앞서 나아가더니 마침내 차를 따라잡았다. 그리고는 열린 문을 통해 운전석으로 다이빙해서 앉았다.

"주차 브레이크!" 베티뉴가 헐떡거리며 달려오면서 소리쳤다.

차는 후진해서 교차로에 접어들었다.

주니뉴는 운전석과 조수석 사이에 있는 수동식 브레이크를 찾아 위로 힘껏 당겼다. 시끄럽게 삐걱거리는 소리가 울리고 차 뒷부분이 좌우로 미끄러지면서 교차로 한 가운데서 멈추었다. 옆에서 달리던 차들이 경적을 울려댔다.

마침내 따라온 베티뉴가 재빨리 문을 열었다. 운전석에 앉은 주니뉴가 장난스러운 미소를 지어보였다.

"저 잘 달렸죠, 코치님?"

"너보다 빠른 사람은 없어." 베티뉴가 여전히 숨을 헐떡거리며 말했다.

"제 다이빙은 어땠어요?" 주니뉴가 또 물었다.

"끝내줬다."

주니뉴는 조수석으로 옮겨갔고 베티뉴가 운전석에 앉았다. 나머지 아이들도 달려와서 전부 다 차에 탔다. 베티뉴가 오르막길로 다시 차를 몰았다. 그는 주니뉴의 집에 도착해 차를 멈추었을 때에야 숨을 고를 수 있었다. 심장이 빠르게 뛰었다.

그는 아이들을 둘러보았다. 아이들은 전혀 지친 기색이 없었다. '운동 한 번 제대로 했네.' 그는 이렇게 생각하고 웃음을 터뜨렸다. 이내 웃음이 전염되어 차 안이 시끄럽게 들썩거렸다. 그는 그때서야 마음이 놓였다. 하마터면 정말로 큰일 날 뻔했다.

"오늘의 교훈은 뭐죠, 코치님?" 주니뉴가 물었다.

"내가 도착하기 전에 미리 준비하고 있어야 한다는 것?"

"아뇨!" 아이들이 일제히 외쳤다.

"주차 브레이크를 깜빡하지 말 것!" 주니뉴가 말했다.

베티뉴는 웃음을 터뜨렸다. 맞는 말이었다.

아이들이 우르르 차에서 내렸다. "내일 봐요!"

"재미있었어요!"

"또 해요!"

베티뉴는 웃으면서 주니뉴를 태우고 출발했다.

주니뉴와 친구들이 서로에게 손을 흔들었고 베티뉴는 클럽으로 차를 몰았다.

CHAPTER 7

잠자는 숲 속의 공주

주니뉴는 아버지가 뒷마당에서 수레처럼 생긴 잔디 씨앗 뿌리는 기계를 끌고 왔다 갔다 하는 모습을 지켜보았다. 마당에는 풋살 경기장만한 커다란 직사각형 표시가 되어 있었다. 파이는 씨앗을 뿌린 곳에 아무도 들어가지 못하도록 망치로 나무 말뚝을 땅에 박고 연 날리는 실로 연결해 놓았다. 주니뉴는 동생 라파엘라와 함께 아버지를 유심히 바라보았다. "정원이다." 라파엘라가 말했다.

"아니. 더 좋은 거야."

주니뉴의 말에 라파엘라가 박수를 쳤다.

일주일 만에 푸릇한 싹이 나왔다. "풋살 경기장이다!" 아버지가 물을 주는 것을 보고 주니뉴가 외쳤다. "잔디로 된 풋살 경기장이야!"

"정답이다." 아버지는 계속 물을 주었다. 주니뉴는 너무도 행복했다. 뒷마당에 경기장이 생기다니! 경기장은 투미아루 클럽의 실내 풋살 경기장보다 크지도, 작지도 않았다. 오히려 더 부드러웠고 게다가 잔디 구장이었다. 파이는 자신의 솜씨에 스스로 감탄했다. 잔디 씨앗을 가져다준 것은 베티뉴였지만, 힘든 일은 그가 전부 다 했다. 이제 아이들이 길거리 대신 이곳에서 축구를 할 수 있을 거고 주니뉴에게도 좋은 연습 장소가 될 터였다.

하루는 부모님이 일하러 가고 없을 때 주니뉴는 친구들을 불러 뒷마당에서 처음으로 축구를 했다. 놀랍게도 스무 명이나 되는 아이들이 몰려왔다. 다들 멋진 새 축구장에서 축구를 해보고 싶어 했다.

아이들은 해가 저물 때까지 여섯 시간이나 쉬지 않고 축구를 했다. 동네에서도 신기록이었다. 그런데 축구가 끝나자 주니뉴는 잔디가 모두 사라졌다는 사실을 깨달았다. 잔디밭은 아버지가 씨앗을 뿌리기 전처럼 해변을 연상시키는 모래흙으로 변해 있었다. 하루 만에 경기장을 망가뜨린 것이었다. "난 이제 아빠한테 죽었어! 어떡하지?" 주니뉴는 당황해서 울기 시작했다.

"사실대로 말씀드려." 한 아이가 말했다.

"너도 몰랐던 것처럼 행동해." 또 다른 아이가 말했다.

"일찍 자는 거야." 세 번째 아이가 말했다.

"뭐라고?" 주니뉴가 눈물을 그치고 물었다. "뭐라고 했어?"

"난 엄마나 아빠한테 혼날 일이 생기면 일찍 자는 척하거든. 자는데 깨워서까지 혼내진 않으실 거 아냐? 다음 날 일하러 가실 때까지 자는 척하는 거야. 그럼 말할 기회가 없어서 곧 잊어버리시거든."

간단하지만 좋은 방법이라는 생각이 들었다. 하지만 고민이 되었다. 부모님은 항상 진실을 말하라고 가르치셨다. 하지만 잔디가 다 사라진 것을 알면 외출 금지령이 떨어질지도 몰랐다.

아이들은 제각각 흩어져 집으로 돌아갔다. 주니뉴는 부엌문에서 엄마가 오기를 기다렸다. 엄마가 돌아왔을 때쯤에는 저절로 하품이 나왔다.

나딘은 오자마자 부엌으로 가서 저녁을 준비하기 시작했다.

주니뉴는 기지개를 켰다.

"손 씻고 오렴. 금방 준비될 거야."

또 하품을 했다.

나딘은 아들을 쳐다보며 "괜찮니?"라고 물었다.

주니뉴는 또 하품을 하면서 기지개를 켰다. "피곤해서요. 그냥 잘래요." 이렇게 말하고 방으로 갔다.

나딘은 어리둥절했지만 이상하게 생각하지는 않았다. "아직 아빠도 안 오셨는데." 나딘이 끓는 물에 파스타를 넣으며 말했다.

"네. 알아요." 주니뉴가 옆방에서 소리쳤다.

"저녁은?"

주니뉴는 어떻게 할지 계획을 세우느라 저녁 식사에 대해서는 완전히 잊어버리고 있었다는 걸 깨달았다. 배가 너무 고팠다. 저녁을 먹고 자는 게 훨씬 낫다는 생각이 들었다. 주니뉴는 부엌으로 가서 평소 앉는 자리에 앉았다. 엄마가 접시에 담긴 파스타에 소스를 뿌려주었다. 라파엘라는 맞은편에 놓인 나무로 된 아기 의자에 앉았다.

"밥 먹고 자렴. 그렇게 졸리면." 나딘은 이렇게 말하고는 자신이 먹을 음식을 준비했다.

"고마워요, 엄마. 정말 피곤해요." 주니뉴는 마지막으로 가짜 하품을 하고 급하게 먹기 시작했다. 여섯 시간이나 쉬지 않고 축구를 했더니 배고파 죽을 지경이었다. 주니뉴는 3분도 되지 않아 밥을 다 먹고 몇 분 만에 침대에 누웠다.

하지만 아버지가 집에 왔을 때 주니뉴는 눈을 떴다. 부모님이 주방에서 말하는 소리가 들렸다.

"자고 있어요. 깨우지 말아요." 파이가 들어오자 나딘이 말했다. 이미 깜깜해진 후였다.

주니뉴는 누운 채로 미소를 지었지만 한 가지 사실이 떠올랐다. 아버지가 뒷마당을 보았다면 분명히 잔디가 하나도 없는 것을 보았을 것이다. 보지 못할 리가 없었다. 자는 척하면서 피하려고 하는 것은 좋은 생각이 아닌 것 같았다. 하지만 아버지가 보지 못했을 수도 있다. 밖이 캄캄하니까.

사실 파이는 집에 오자마자 뒷마당의 축구장이 망가진 것을 발견했다. 그는 일주일 내내 아들이 일찍 잠자리에 들면서 자신을 피하는 동안 잔디를 새로 심었다. 그리고 며칠 만에 잔디가 다시 자랐다. 아들이 상황 파악을 할 때까지 기다리다 지친 그는 어느 날 아침 출근을 늦게 하기로 했다. 학교 갈 준비를 하러 부엌으로 나온 주니뉴는 식탁에서 기다리는 아버지를 보고 화들짝 놀랐다. "잠자는 숲속의 공주님이 오셨네!" 아버지가 커피를 마시면서 유쾌하게 말했다. "못 알아볼 뻔했네."

주니뉴는 속이 안 좋아질 정도로 심한 죄책감을 느꼈다. 뭐라고 말해야 좋을지 몰랐고 심장이 쿵쾅쿵쾅 뛰었다. 불안한 심정으로 아버지 앞에 앉았다. 쥐구멍에라도 숨고 싶었다. 내가 도대체 무슨 짓을 한 거지? 이젠 끝이야!

"네가 수면병이라도 걸린 게 아닌가 걱정했단다." 파이가 농담을 했다.

주니뉴는 잔디 싹이 새로 난 것을 보았지만 차마 아버지에게 사실대로 털어놓을 용기가 없었다. 하지만 더 이상 가만히 있을 수가 없었다.

"아빠, 제…제가 축구장 잔디를 망가뜨렸어요."

파이는 눈을 크게 뜨면서 아내를 잠깐 보고는 진지한 표정으로 고개를 끄덕였다. "베티뉴 코치가 오기 전에 얘기 좀 해야겠구나." 아버지는 이렇게 말하고 커피를 마저 마셨다.

CHAPTER 8

하나님과 마주보며

"아빠. 잘못한 일이 있으면 항상 사실대로 말하라고 하셨죠?" 주니뉴가 식탁에 앉으며 말했다.

"그래. 잘못을 인정하지 않으면 어떻게 되겠니?"

"제…제가 잔디를 망가뜨린 게 들키면 혼날까 봐 아빠를 피해서 계속 숨었어요." 주니뉴는 아버지의 눈을 보면서 말했다.

"숨었다고? 타조처럼 말이냐? 내가 정말 모를 거라고 생각했니?"

"어떻게 아셨어요?" 주니뉴는 자신의 계획이 완전히 실패했음을 알고 물었다.

"어떻게 모를 수가 있겠어? 집에 와보니 축구장이 모래로 파헤쳐져 있는데. 누군가 그 위에서 축구를 했다는 얘기지! 그래서 다음 날 바로 잔디 씨를 다시 뿌렸다. 넌 모래에 얼굴을 처박고 있느라고 몰랐던 거야. 가서 봐라. 예쁘게 싹이 나오고 있어."

주니뉴는 자리에서 일어나서 뒷마당을 보았다. 식탁으로 돌아왔을 때는 얼굴이 창피함으로 붉어져 있었다.

"화나셨어요?"

"화났냐고? 천만에. 난 기쁘다." 아버지가 껄껄 웃었다.

"기쁘시다고요?" 주니뉴는 이해가 되지 않았다. 가끔 어른들은 이해할 수 없을 때가 있었다.

"물론이지. 너 축구하라고 축구장을 만들었는데 네가 모래만 남을 때까지 열심히 축구를 했잖니. 축구장에서는 당연히 축구를 해야지. 안 그래?"

"하지만 잔디를 망쳐놨잖아요."

"축구하느라고 망가진 거지. 넌 할 일을 한 것뿐이야." 아버지가 말했다. "걱정하지 말고 축구나 열심히 하렴."

그때 밖에서 베티뉴의 고물차가 덜컹거리며 멈추는 소리가 들렸다.

이윽고 문틈으로 얼굴을 내민 베티뉴는 부자가 대화하는 모습을 보고는 멈칫했다. 그동안 베티뉴는 주니뉴의 아버지가 일찍 출근하는 날이면 대신 주니뉴를 학교에 데려다주었다. 그런데 아직 그가 집에 있는 모습을 보고 놀란 것이다.

"잠자는 숲 속의 공주님이 드디어 일어났구나!" 베티뉴가 말했다.

"네. 뒷마당 보셨어요? 잔디가 다시 자라고 있어요!"

베티뉴는 파이와 나딘을 보고 미소 짓고는 자신의 제자에게로 시선을 돌렸다. "나가서 볼래? 잔디가 자라는 걸 보면 신기해." 그는 주니뉴의 어깨에 팔을 걸치고 문으로 가던 중 식탁에서 토스트를 하나 집으며 "교통비입니다."라고 나딘에게 말했다.

그 주의 목요일, 파이는 가족이 다닐 교회를 찾아야겠다고 생각했다.

주니뉴는 상비센치에 '하나님과 마주보며 Face to Face with God'라고 적힌 커다란 파란색 교회를 떠올렸다. 다들 좋은 교회라고 해서 아버지와 함께 그곳에 가보았다.

브니엘 침례교회의 담임목사는 뉴턴 로바토 Newton Lobato 목사로 희끗희끗한 머리에 꿰뚫어보는 듯한 갈색 눈동자, 호감 가는 미소를 가진 건장한 체구의 남자였다. 열심히 설교하는 그의 목

소리는 예배당 전체에 울려 퍼졌다. 예배당은 로바토 목사의 설교를 들으려고 온 천여 명의 사람들로 뒤쪽까지 꽉 들어차 있었다. 주니뉴는 앞에 앉아서 한 마디도 빼놓지 않고 들었다. 나중에는 목사와 따로 기도를 하기도 했다. 목사는 목요일마다 설교가 있다면서 다시 오라고 했다.

몇 년 후 아들과 아버지는 두 사람만의 작은 의식을 행했는데 이 의식은 계속 이어졌다. 그 의식이란 주니뉴가 그라운드로 나가기 전에 항상 성경의 한 구절을 함께 읽는 것이었다. 아버지가 아들의 손에 그 구절이 적힌 종이를 쥐어주기도 했다. 바로 성경의 이사야에 나오는 구절이었다.

"내가 너와 함께 있으니, 두려워하지 말아라. 내가 너의 하나님이니, 떨지 말아라."

CHAPTER 9

그레메탈 입단

어느 날 베티뉴가 주니뉴의 집으로 찾아와 문을 두드렸다. 때는 2001년으로, 그의 가장 뛰어난 제자가 9살이 되던 해였다. 그는 주니뉴의 가족에게 전해줄 소식이 있어서 찾아온 것이었다.

나딘이 문을 열었다. "들어오세요. 식사하셨나요?" 그녀가 베티뉴를 거실로 안내하면서 물었.

"괜찮아요. 아니, 안 먹어도 배부르죠." 베티뉴가 배를 두드리며 말했다. "주니뉴 아버지 계세요?" 잠시 후 파이는 베티뉴와 뒷마당으로 가서 이야기를 나누었다.

주니뉴와 나딘은 무슨 중요한 이야기일까 궁금해 하며 부엌 창문에서 바라보았다.

두 남자는 잔디가 무성한 축구장에 편하게 앉았다. 하늘에는 뭉게구름이 펼쳐져 있었다.

"포르투게사 산치스타Portuguesa Santista에서 코치직을 제안 받았어요." 베티뉴가 말했다.

포르투게사 산치스타는 1917년에 상파울루에 사는 포르투갈 사람들에 의해 설립된 산투스의 축구 클럽으로 정식 명칭은 Associação Atlética Portuguesa인데 브리오사Briosa라고도 불렸다.

"주니뉴를 브리오사로 이적시킨다는 말은 아니겠죠? 아직 너무 어려요!" 파이가 말했다.

"그건 아닙니다." 베티뉴가 대답했다.

"다행이네요. 걱정했어요."

"브리오사로 이적시킬 생각은 아닙니다. 그레메탈Gremetal로 데려가고 싶어요. 그레메탈은 풋살팀 성적도 좋고 훈련 프로그램도 훌륭합니다. 주니뉴가 가면 위대한 풋살팀이 될 수 있어요." 베티뉴는 그레메탈의 이스꼴리냐 풋살Escolinha de Futsal에 대해 이야기했다. 축구를 좋아하는 브라질 과학자들이 아이들이 길거리가 아닌 곳에서 안전하게 축구를 할 수 있도록 상파울루에 만든 스포츠 단체의 이름이었다.

"그레메탈에서 주니뉴를 받아줄까요?" 파이가 물었다.

베티뉴는 미소를 지었다. 이것은 그가 오래 전부터 계획해온 일이었다. "벌써 승낙했어요. 그레메탈로 많은 아이들을 데려갈 겁니다. 주니뉴가 거기서 잘하면 브리오사로 가고 언젠가는 산투스에서 뛰게 될지도 모르죠."

산투스 FC는 브라질에서 최고로 꼽히는 클럽 중 하나였다. 다들 '더 피시$^{The\ Fish}$'라고 불렀다. 이 때문에 예전에 상대팀들이 '생선 장수들'이라고 놀린 적이 있는데 산투스를 아예 스스로 애칭을 '더 피시'라고 바꿨다. 산투스는 브라질 전국 리그$^{Campeonato\ Brasileiro}$에서 가장 성공한 클럽으로 전국 챔피언에 8회나 오른 명문 클럽이다. 이는 오로지 파우메이라^{Palmeira}만이 달성한 성적이다.

"당연히 천천히 단계를 밟아나가야죠. 그레메탈이 첫 단계가 될 겁니다." 베티뉴가 말했다.

"그레메탈에서 뛰는 아이들은 주니뉴보다 나이가 많지 않나요?"

"상관없어요. 주니뉴는 괜찮을 겁니다. 아니, 정말 잘할 거예요."

"누가 정말 잘해요?" 주니뉴가 집안에서 뛰어나와 잔디밭으로 왔다.

"너 말이야. 그레메탈 이야기를 하고 있었다. 들어봤니?"

"네. 풋살팀이잖아요."

"이젠 너의 팀이 될 거야. 네가 원한다면 말이지." 베티뉴가 말했다.

"진짜요?" 주니뉴는 깜짝 놀라서 감탄했다가 곧바로 걱정스러운 표정을 지었다. "하지만 친구들은 어쩌고요?"

"두두도 같이 갈 거야." 베티뉴가 말했다.

"좋아요!" 주니뉴는 드리블을 하며 잔디밭을 누볐다.

베티뉴가 다시 파이를 보며 말했다. "제가 데리고 있는 선수들 중에서 가장 뛰어난 선수 10~11명을 데리고 갈 생각입니다. 포르투게사 산치스타의 코치를 맡게 되면 그레메탈에 들어갈 선수를 결정할 수 있는 권한이 생기거든요. 때가 되면 주니뉴를 브리오사에 넣을 겁니다."

주니뉴가 옆에 멈춰 섰다. "정말 가는 거예요?"

"그래. 가서 한바탕 시끄럽게 만들어보자. 상도 타고. 넌 그레메탈에서 처음으로 만드는 11세 이하 팀에 들어가게 될 거야."

베티뉴가 말했다.

"산투스 최고의 풋살팀이 될 거다!" 아버지가 기쁜 얼굴로 말했다.

"그럼 결정하신 건가요?" 베티뉴가 물었다.

"그렇게 하겠습니다." 파이가 베티뉴와 악수하면서 말했다.

"투미아루에는 제가 계속 코치로 있을 겁니다." 베티뉴가 미소 띤 얼굴로 어깨를 으쓱하며 덧붙였다. "중간에 코치가 바뀌는 건 좋지 않으니까요."

파이도 웃었다. "하여간 제가 못 따라간다니까요. 베티뉴 코치가 없으면 주니뉴도 없죠!"

베티뉴는 기뻐하면서 파이를 껴안았다. "그나저나 감사를 드리고 싶습니다."

"뭐가요?"

"조언대로 했습니다. 아이들에게 양발을 쓰게 하는 것 말이죠."

파이는 다시 그를 껴안았다. "제가 더 고맙습니다. 새로운 방식을 받아들이기가 쉽지 않았을 텐데요."

"엄청 힘들었죠."

다음 날 베티뉴는 포르투게사 산치스타의 코치직을 받아들였고 여러 아이들을 그레메탈로 데려갔다.

주니뉴는 그레메탈의 건물을 올려다보았다. 정말로 이곳에 왔다니 믿어지지 않았다. 주니뉴는 축구가 좋았지만 점점 더 좋아지게 될 거라고는 생각하지 못했다. 주니뉴는 대부분의 브라질 사람들처럼 축구를 사랑했고 축구에 대한 사랑과 열정 덕분에 실력도 점점 발전했다. 그리고 경기에서도 뛰어난 실력을 증명했다. 하지만 베티뉴의 마음속에는 그 이상의 것을 바라고 있었다. 베티뉴는 주니뉴가 지난 수년 간 브라질 축구에 부족했던 독창적인 플레이를 더해줄 가능성이 있다고 생각했다. 그는 이 생각을 파이에게도 여러 번 이야기했고 그때마다 그도 고개를 끄덕이며 동의했다.

하지만 이 순간 주니뉴는 조금도 움직이지 않고 그저 놀란 표정으로 건물을 올려다볼 뿐이었다.

"왜 그러고 서 있어? 들어가자." 베티뉴가 말했다.

잠시 후 주니뉴는 칼라 부분이 초록색으로 된 그레메탈의 노란색 유니폼을 입고 코트를 누볐다. 등번호는 14번이었다. 발에 공을 딱 붙인 채 두 명의 수비수를 제치고 똑바로 찼다. 마지막 순간에 공이 나뭇잎처럼 떨어지며 네트 안으로 빨려 들어갔다.

그레메탈의 코치 알키데스 주니어 마그리Alcides Junior Magri가 놀란 표정으로 베티뉴를 쳐다보았다. "9살 밖에 안 됐는데 저런 기술을 몇 년이나 사용한 것처럼 능숙하다니!"

"정말 몇 년이나 사용했지. 태어날 때부터 이미 완성되어 있었으니까."

"어쨌든 내가 뭘 도와주면 되겠나?" 마그리가 물었다.

"미리 알려주게." 베티뉴의 말에 마그리는 무슨 말인지 모르겠다는 표정이었다. "저 아이를 13세 팀으로 올려 보낼 때 알려달라는 뜻이네."

마그리 코치는 웃으면서 친구의 등을 두드렸다. "내 생각을 바로 읽었군."

그때 주니뉴가 한 골을 더 넣었다.

집으로 돌아가는 차안에서 주니뉴는 쉬지 않고 떠들었다. 새 팀의 선수들이 마음에 들었고 진짜 팀들과 진짜 시합에서 겨룬다는 생각에 잔뜩 들떠 있었다.

CHAPTER 10

촛불이 밝혀준 밤

"양초가 어디 있지?" 파이는 주니뉴와 부엌에서 나와 어두운 거실로 들어가면서 소리쳤다. 저녁 식사를 하고 있을 때 갑자기 정전이 되었다. 온 집안이 깜깜해지자 누구도 더 이상 저녁 식사에 신경 쓰지 않았다.

나딘은 제자리에서 움직이지 않고 의자에 얼어붙은 듯 앉아 있었다. 그녀는 예전부터 이런 일이 생길지도 모른다고 걱정했는데 오늘 실제로 일어난 것이었다. 이윽고 주니뉴가 커다란 양초를 두 개 가져와 식탁에 올려놓았다. 잠시 후 파이도 양초를 더 가져와서 전부 불을 붙였다. 곧바로 촛불이 부엌을 밝혔다. 열린 창문으로 귀뚜라미 울음소리가 들렸고 파이와 주니뉴의 그림자가 뒷마당의 축구장에 드리워졌다.

"한결 낫네." 파이가 아내를 보면서 자랑스럽게 말했다.

나딘은 남편을 보고 얼굴을 찡그리면서 속으로 '뭐가 한결 낫다는 말이지?'라고 생각했다. 하지만 입 밖으로 내지는 않았다. 일자리를 구하기도 힘들었고 생활비가 부족했다. 남편이 세 군데에서 일하고 그녀도 어린이집에서 조리사로 일하며 돕고 있었지만 여전히 형편이 어려워 전기세를 내기도 힘들었다. 그래서 결국 전기가 끊겨버린 것이었다. 그녀는 우울했다. 겉으로는 괜찮은 척했지만 파이는 나딘의 마음을 알고 있었다.

"정말 멋지다!" 그때 주니뉴가 소리치자 라파엘라도 재미있다는 듯이 웃었다. 라파엘라는 자리에서 일어나 촛불 앞에서 오빠와 함께 춤을 추었다. 그러고는 마치 거대한 그림자 인형처럼 뒷마당의 축구장까지 길게 뻗은 그림자를 가리키면서 즐거워했다.

나딘은 식탁 맞은편에 앉은 남편을 보고 미소를 지었다. "당신 잘못이 아니에요." 파이는 식탁 위로 아내의 손을 잡고는 꽉 쥐었다.

"내가 해결해보겠소. 걱정 말아요." 하지만 속으로는 암울할 뿐만 아니라 창피하기까지 했다.

나딘은 혼자가 아님을 깨달았고 남편의 손을 잡는 순간 기분이 나아졌다. 그녀는 웃고 싶었지만 아직은 그럴 준비가 되지 않았다. 적어도 아직은. 하지만 이내 옆에서 춤추고 있는 아이들이 눈에 들어왔다. 아이들은 촛불을 보고 즐거워하면서 전기가 나간 것을 우울한 일이 아니라 즐거운 소동으로 바꿔버렸다.

주니뉴와 라파엘라는 같이 춤을 추자고 부모의 손을 잡고 끌어당겨 함께 춤을 추었다. 음악은 없었지만 주니뉴는 머릿속에서 흘러나오는 음악을 들을 수 있었다. 멋진 경기를 펼칠 때마다 머릿속에서 들리는 바로 그 신나는 음악이었다. 작은 부엌에서 춤을 추자 바람이 일어 촛불이 깜박거리고 창 너머로 그림자가 이리저리 움직였다.

파이는 나딘에게 다가가 그녀를 껴안았다. 그녀는 남편의 어깨에 얼굴을 기대고 아이들이 이 상황을 즐기며 밝은 분위기를 만드는 모습을 지켜보았다. "내 인생 최악의 날이라고 생각했어요." 나딘이 남편을 껴안으며 말했다.

"좋게 생각하자고. 솔직히 좀 즐겁잖아." 파이가 미소를 지으며 말했다.

잠시 후 파이는 잠이 든 라파엘라를 안은 채 주니뉴를 데리고 침대로 갔다. 먼저 라파엘라를 눕히고 주니뉴의 침대로 가서 이불을 덮어주었다.

"아빠?"

"응?"

"나중에 프라이아 그란데에 아이들이 놀 수 있는 곳을 만들 거예요. 불이 꺼지지 않게 할 거예요."

"좋은 생각이구나."

"아빠?"

"응?"

"전 축구가 좋아요."

"나도 안다. 나도 축구가 좋아. 축구 얘기 해줄까?"

"네!" 주니뉴의 눈이 기대감으로 반짝였다.

"오래 전에 브라질 사람들은 유럽이나 다른 지역의 사람들과 똑같은 축구를 하기 전에 우리만의 방식으로 축구를 했단다. 펠레도 알지. 가린샤, 지코, 디디^{Didi}, 그 밖에도 수많은 선수들이 다 아는 방식이지. 우리 국가대표팀 셀레상도 그 방식으로 축구를 했단다. 그리고 멋진 승리를 거두었어. 하지만 유럽과 겨루게 되면서 플레이 방식을 바꿔야 해서 사라진 것도 있어. 브라질만의 축구 플레이를 뭐라고 하는지 기억나니?"

"징가Ginga에요!" 주니뉴가 곧바로 대답했다. 백 번도 넘게 들은 이야기지만 질리지 않았다. 징가는 춤에 곡예와 음악, 싸움을 섞은 브라질의 전통 무예인 카포에이라Capoeira의 토대를 이루었다. 전설에 따르면 아프리카 노예들이 게임으로 브라질에 들여온 것이다. 카포에이라는 정말로 싸움의 기술이었다. 열대우림에 살던 아프리카 노예들은 주인들에게 죽임을 당하지 않기 위해 싸움을 춤으로 속였다. 브라질에 축구가 들어왔을 때 사람들은 축구에 카포에이라의 전통을 접목시켰다. 전 세계 그 어떤 나라와도 다른 브라질만의 플레이였다.

"그래, 징가지. 셀레상은 더 이상 징가 축구를 하지 않아. 하지만 잊으면 안 된다, 아들아."

"잊지 않을게요. 아빠가 가르쳐주신 거잖아요." 주니뉴가 말했다.

"보여줬지, 가르쳐주진 않았어. 그건 우리 브라질 사람의 피에 흐르고 있어. 네가 셀레상에서 뛰게 되는 날이 왔을 때 준비되어 있어야 해."

주니뉴는 아버지를 꼭 껴안았다. "그럴게요."

"날 보렴." 파이가 말하자 주니뉴가 아버지를 쳐다보았다.

"이 말을 기억해라. 언젠가 넌 셀레상에서 뛰게 될 거야."

생각만으로도 설렜다. 주니뉴 눈썹 위의 흉터가 선명하게 두드러졌다.

아버지는 그 흉터를 보고 아들이 얼마나 소중한 존재인지 새삼 실감했다. 그는 눈물이 나오려는 것을 참았다. 그때 인기척이 느껴졌다. 문가에서 나딘이 부자의 대화를 들으며 서 있었던 것이었다. 그녀가 다가와 손을 내밀어 남편을 일으켜 세웠다. 두 사람은 함께 아들의 방을 나갔다.

아침이 되자 파이와 나딘은 촛불을 켜지 않아도 된다는 사실에 안심했다. 반면 주니뉴와 라파엘라는 빨리 저녁이 되어서 촛불을 켰으면 하고 바랐다.

CHAPTER 11

네이마르 주니어

주니뉴와 가족은 일주일 동안 전기가 들어오지 않는 상태로 지냈다. 다행히 그레메탈에서 전기세를 내주어 전기가 다시 들어왔다. 파이는 고마워했지만 그레메탈에서는 이것을 당연한 의무로 여겼다. 그들에게 선수와 선수의 가족을 돌보는 것이 언제나 최우선이었기 때문이다. 게다가 주니뉴는 그들에게 특별한 선수였다. 실력이 정말 뛰어났다. 몇 달 동안 주니뉴가 잡는 공마다 골로 이어져서 그레메탈은 모든 경기에서 승리를 거두었다. 그 결과 11살밖에 되지 않은 주니뉴는 13세 이하 팀으로 승격되었다.

"주니뉴는 언제까지나 우리 선수로 남을 순 없어." 마그리 코치가 베티뉴에게 설명했다. 베티뉴는 굳이 설명을 듣지 않아도 주니뉴가 더 나이 많은 선수들이 있는 팀으로 올라가야 한다는 사실을 알고 있었다. 그만큼 실력이 뛰어났기 때문이었다. "주니뉴가 13세 이하 팀으로 가면 대회에서 우승할 가능성이 생길 거야."

"분명히 우승할 거야!" 베티뉴가 웃으며 말했다.

주니뉴는 새 팀이 마음에 들었다. 팀에는 그가 잘 아는 레오 덴팅요Léo Dentinho라는 아이도 있었다. 둘은 코트에서 만난 순간 가장 친한 친구가 되었고 함께 즐거워하며 축구를 했다. 주니뉴와 레오는 일주일에 3일을 함께 연습했다. 레오는 주니뉴가 일부러 자신에게 패스해준다는 사실을 알아차리지 못했지만, 둘은 서로에게 도움을 주었다.

그레메탈에서는 12시 정각이면 점심시간이었는데 마그리 코치가 호루라기를 불자마자 코트에 있던 아이들이 전부 우르르 달려 나와 구내식당으로 향했다.

"너희도 구내식당으로 가!" 마그리 코치가 주니뉴와 레오에게 소리쳤다.

"싫어요. 저희는 그냥 연습할래요." 주니뉴가 대답했다.

둘은 남아서 연습을 계속하다가 식당에 다녀온 친구들이 가져온 남은 샌드위치를 먹었다.

주니뉴는 나이 많은 선수들과 함께 뛰면서 실력이 더욱 좋아졌다. 베티뉴의 예상대로 13세 이하 팀으로 온 것은 옳은 결정이었다.

산투스와의 결승전에서 주니뉴는 왼쪽에 있었다. 레오가 오른쪽에서 주니뉴에게로 크로스 패스를 했다. 주니뉴는 또 다시 레오에게 멋지게 패스했고 레오는 골대 왼쪽으로 골을 넣었다. 잠시 후에는 레오가 또 다시 공을 잡아 반대편에 있는 네이마르에게 크로스 패스를 했다. 둘은 함께 골대 쪽으로 달려갔고 주니뉴가 패스한 공을 등번호 10번을 달고 있는 레오가 받아 또 다시 골로 성공시켰다. 경기 종료를 얼마 앞두고 두 사람은 또 다시 더블 패스를 했다. 주니뉴는 자신에게로 온 공을 앞에 있는 수비수에게 패스했고 그 선수가 마지막 골을 성공시켰다. 그레메탈은 최초로 3대 1로 우승 트로피를 거머쥐었다.

포르투게사 산치스타, 일명 브리오사의 헤드 코치 피노Fino도 이 경기를 지켜보고 있었다. 그의 팀은 산투스의 유소년팀으로 주니뉴에게 안성맞춤이었다. 심판의 휘슬 소리로 경기가 끝난 후 피노는 베티뉴에게 갔다.

"저 선수를 우리 팀으로 데려가고 싶네." 피노가 말했다.

"부모님한테 말해보지." 기다려온 순간이 드디어 다가오자 베티뉴는 미소를 지었다. 모든 것이 그의 계획대로 진행되어가고 있었다.

베티뉴의 차는 바다에서 아나 코스타 거리로 직진하고 루아 호아킴 타보라에서 세나도르 피녜이루 마차도 거리를 횡단해 울리쿠 무르사 경기장Ulrico Mursa Stadium과 포르투게사 산치스타의 그라운드에 인접한 주차장으로 들어섰다. 잠시 후 주니뉴는 10,000명을 수용할 수 있는 경기장에 서 있었다. 그의 눈에는 너무도 크고 멋져 보였다. 진짜 잔디밭으로 된 그라운드에 관중석도 정말 웅장했다. 그는 그곳에서 뛰고 싶은 생각이 간절했다.

"어떠냐?" 베티뉴가 물었다. 그는 쇼핑백을 들고 있었다. 주니뉴는 그 안에 뭐가 들어 있는지 보려고 했지만 베티뉴가 보여주지 않았다.

"정말 멋져요." 예전에 아버지와 와본 적이 있지만 그때는 경기를 관람하러 온 것이었다.

건물 저편에 주니뉴가 뛰게 될 풋살 코트와 그보다 작은 그라운드, 그리고 수영장이 있었다. 12살이 될 때까지 기다려야 실내 풋살 코트를 떠날 수 있었지만 그리 먼 일은 아니었다.

"어바노 칼데이라Urbano Caldeira에서는 얼마나 멀어요?" 주니뉴의 질문에 베티뉴가 웃음을 터뜨렸다. 이제부터 이 경기장에서 뛰어야 하는데 벌써 건너편에 있는 커다란 경기장에서 뛸 상상을 하고 있다니. "두 블록이야. 걱정하지 마라. 넌 분명 거기로 가게 될 테니까." 어바노 칼데이라는 산투스 FC, 더 피시의 홈구장이었다.

주니뉴는 어깨를 으쓱했다. "벌써 가 봤는걸요. 아빠하고요."

"그럼 펠레가 너의 영웅이겠구나?" 베티뉴가 물었다.

"펠레 선수도 괜찮죠." 주니뉴가 머뭇거리며 대답했다.

베티뉴는 웃음이 나왔다. 축구의 황제 펠레는 브라질 축구의 상징이자 산투스 FC 역사상 가장 많은 골과 출장 기록을 보유한 선수이기도 했다.

"제 영웅은 따로 있어요."

"그럼 좋아하는 팀은? 산투스를 제일 좋아하겠지?"

주니뉴는 고개를 젓더니 싱긋 웃으며 대답했다. "파우메이라스Palmeiras가 제일 좋아요."

베티뉴는 깜짝 놀랐다. "뭐라고!"

주니뉴는 멋쩍게 대답했다. "물어보셔서 사실대로 답한 것뿐이에요."

"그건 배신이야. 하지만 파우메이라스를 제일 좋아한다는 걸 아무한테도 말하지 않으마."

"말하시면 안 돼요!" 이번에는 주니뉴가 웃음을 터뜨렸다.

그곳에서는 무조건 산투스 팬이어야만 했다. "호나우두는?" 베티뉴가 재미있어 하며 물었다. 호나우두 루이스 나자리우 데 리마Ronaldo Luís Nazário de Lima는 '현상The Phenomenon'이라는 별명으로 불리는 당대 최고의 스타였다. 2002년 한일월드컵에서 브라질의 우승을 이끈 뛰어난 스트라이커였다.

"최고에요. 저도 나중에 호나우두 선수처럼 월드컵에서 우승하고 싶어요."

"내가 듣고 싶었던 말이구나. 아까부터 쇼핑백에 뭐가 들어 있는지 궁금해 했지?" 베티뉴가 말했다. 그는 쇼핑백에서 등에 네이마르 주니어와 10번이라고 쓰여 있는 하얀색 포르투게사 산치스타 유니폼을 꺼냈다.

주니뉴는 믿을 수 없었다. 하지만 이내 얼른 새 유니폼으로 갈아입었다. 사이즈는 딱 맞았다. 주니뉴는 자랑스러운지 가슴을 내밀고는 소리쳤다. "너무 멋져요! 감사해요!"

베티뉴는 아들처럼 아끼는 주니뉴를 안아주었다. 주니뉴처럼 축구를 사랑하는 아이는 처음이었다.

"네가 열심히 해서 얻은 거야."

일 년 후인 2004년, 주니뉴가 12살이 되었을 때 브리오사 풋살 코트에 방송국 사람들이 카메라를 들고 찾아왔다. 스테이트 챔피언십을 TV로 중계하려는 것이었다. 아직 자신을 알아보는 사람들은 없었지만 네이마르 주니어는 머리를 새로운 스타일로 깎았다. 마치 해병대 모자를 쓴 것처럼 정수리 부분은 까맣게 남기고 나머지는 짧게 깎은 모양이었다.

경기가 끝났을 때는 모든 취재진의 카메라가 주니뉴에게로 향했다. 관중은 네이마르가 수비수들을 뚫고 골키퍼 쪽으로 달려가는 모습을 보면서 "네-이-마-르-!"를 외쳤다.

경기장의 관중들은 환호성을 질렀다. 피노는 자리에서 벌떡 일어나 베티뉴를 얼싸안았다. 로바토 목사까지 펄쩍 뛰며 기뻐했다.

파이와 나딘은 경기 내내 서서 아들이 계속 골을 넣는 모습을 놀라움 속에서 지켜보았다.

"네이마르 선수가 공을 잡을 때마다 마치 아름다운 춤을 추는 것 같습니다!" TV 해설자가 소리쳤다.

베티뉴는 중계석 옆에 서서 해설자들이 어린 천재에 대해 하는 말을 빠짐없이 다 들었다.

경기가 시작하기 전만 해도 카메라는 다른 선수들을 향했지만 경기가 끝난 후에는 온통 주니뉴를 향했다. 브리오사는 챔피언십에서 우승이 아닌 2위를 차지했지만 네이마르 주니어는 이 날 브리오사의 코트에서 자신의 이름을 확실히 알렸다.

피노는 흥분된 얼굴로 사이드라인의 벤치에서 일어섰다. "다들 네이마르에게 환호를 보내고 있네!" 베티뉴가 사람들로 꽉 들어차서 시끄러운 가운데 그에게 소리쳤다.

"돌고 꺾고 멈추고 출발하고 공을 절대로 발에서 놓지 않아. 굉장해!" 피노가 말했다.

"아름다운 춤을 보는 것 같지?" 베티뉴가 물었다.

"가르칠 게 없는 아이야." 피노가 말했다.

"그럼 그냥 지켜보라는 조언을 해주고 싶군."

피노는 친구를 바라보았다. "자네 말이 맞아. 저 아이는 천재야. 자네는 천재가 아니지만."

베티뉴는 온몸을 들썩이며 웃었다.

그때 산투스 FC의 호세 일리 데 미란다^{Jose Ely de Miranda} 감독을 발견하고 베티뉴는 웃음을 멈추었다. 모두가 지토^{Zito}라고 부르는 그는 관중석에 앉아 열심히 팀의 플레이를 지켜보면서 뭔가 메모를 하고 있었다.

"지토! 이거 참 반갑네."

지토는 친구의 얼굴에 나타난 불편함을 읽고는 "걱정하지 말게."라고 말하며 오랜 친구와 악수를 했다. "아직은 저 아이를 데려가지 않을 테니까 말이야. 그냥 보려고 온 거야."

"누구 말인가?" 베티뉴가 모른 척했다.

"저 중에서 차세대 스타가 될 만한 선수가 또 누구겠나?" 지토가 말했다.

베티뉴는 무한한 애정이 샘솟는 것을 느끼며 주니뉴를 바라보았다. 그는 그 아이가 자랑스러웠다. 호비뉴를 발굴해 스타로 키운 이후로 처음 느껴보는 벅찬 감정이었다. 아들을 찾으러 해변으로 갔다가 주니뉴를 처음 보고 든 생각이 틀리지 않았다고 생각했다. 그가 처음 발굴한 소년. 브라질의 팬들이 네이마르라고 부르는 그 소년은 머지않아 세계적으로 유명한 최고의 선수가 될 터였다.

인생의 전환점

네이마르는 아나 코스타 거리의 커다란 건물에 있는 리세우 상파울루를 올려다보았다. 그것은 전부 빨간색과 하얀색으로 칠해진 5층 건물이었다. 아버지도 옆에 있었는데 둘 다 기대감으로 부풀어 있었다. 피노는 브리오사의 코치일 뿐만 아니라 값비싸고 유명한 풋살 스쿨의 대표이기도 했다. 네이마르 부자는 풋살 스쿨의 교장을 만나보라는 피노의 권유로 온 것이었다.

엘리베이터가 활짝 열리자 티오 길Tio Gil 교장이 그들을 기다리고 있었다. "네이마르, 드디어 직접 만나게 되다니 반갑구나!" 그는 손을 내밀면서 "헤어스타일이 멋진데!"라고 말했다.

네이마르는 티오 길 교장의 손을 잡고 악수를 했다. 그는 네이마르의 아버지를 보고 웃으며 "실바 산투스 씨, 아드님을 정말 잘 키우고 계시는군요."라고 말하고 두 사람을 사무실로 데리고 갔다. "경기에서 뛰는 모습을 여러 번 봤습니다." 그가 문을 닫으며 말했다.

"넌 브리오사에서 정말 잘하고 있어. 하지만 넌 아직 학생이라 교육이 필요하단다. 좋은 교육이 필요하지. 이 학교에서 너한테 좋은 교육을 제공해줄 거야." 교장은 아버지에게로 시선을 돌렸다. "아드님에게 제안을 하나 하겠습니다. 네이마르가 우리 풋살 팀에서 뛰는 조건으로 두 아이에게 무료로 교육을 제공하겠습니다."

"제 동생은 축구 선수가 아닌데요." 네이마르는 어리둥절했다.

"좋은 소식과 더 좋은 소식을 알려주마. 넌 축구를 하고 네 동생은 하지 않아도 된다는 거야. 그리고 여기에서는 모든 게 무료야. 우리는 널 장학생으로 받고 싶구나."

"그럼 잔디밭이 아니라 실내 코트에서 뛰어야 되잖아요." 네이마르가 말했다.

"그렇지. 넌 브리오사의 큰 그라운드에서 뛰기까지 열심히 노력했고 그건 아무도 빼앗아갈 수 없단다. 그저 규모가 작은 우리 풋살팀에서도 뛰어주면 되는 거야. 우리에게는 무척 중요한 일이거든. 결승전을 포함해서 여러 경기가 있는데 우리 팀의 성적이 별로란다. 너라면 변화를 일으킬 수 있을 거야."

네이마르는 아버지와 티오 길 교장을 번갈아 쳐다보았다. "전 풋살이 좋지만 여기에는 친구가 한 명도 없어요."

아버지는 이런 좋은 기회에 대고 저런 말을 하는 아들이 이해되지 않았다.

티오 길은 진지한 표정이 되었다. "아는 친구가 한 명은 있을 거다. 베티뉴와 피노 코치 말로는 두두하고 친구라던데 맞지?"

"두두도 여기 다녀요?"

티오 길은 웃으며 고개를 끄덕였다.

네이마르는 심호흡을 하고 물었다. "전 언제부터 다닐까요?"

"지금부터 시작하렴. 리세우 상파울루에 온 걸 환영한다!"

티오 길은 네이마르 부자와 악수를 하고 문을 열었다. 문 앞에서 듣고 있던 베티뉴와 피노는 깜짝 놀라서 넘어질 뻔했다.

그 날 이후로 네이마르의 인생은 바뀌었다. 프라이아 그란데의 재미없는 공립학교를 다니다가 상파울루에서 최고급 교육을 받게 되었다. 그 학교는 돈을 아끼지 않고 브라질에서 최고의 교사들을 데려왔다. 다른 곳에서라면 네이마르가 이렇게 좋은 교육을 받을 수가 없었다. 그래도 아직 수학은 어려워했지만 역시나 두두가 도와주었다.

"잘 봐." 리세우 상파울루의 3층 복도를 지나 교실로 들어가면서 두두가 수학책을 펴고 네이마르에게 문제를 가리켰다. 리세우는 모든 것이 빨간색과 하얀색이었다. 벽은 물론이고 네이마르가 입은 등번호 10번 유니폼도 마찬가지였다.

"1과 자기 자신만으로 나누어지는 1보다 큰 양의 정수는 무엇일까?" 두두가 물었다.

네이마르는 잠시 생각하다 "소수."

"맞았어!" 두 사람은 하이파이브를 했다.

"세상에서 가장 훌륭한 축구 선생님은 우리 아빠고, 세상에서 가장 훌륭한 수학 선생님은 너야." 교실에 이르렀을 때 네이마르가 말했다.

"드디어 내가 너보다 잘하는 게 생겼구나!" 두두의 등번호는 11번이었다. 두 사람은 교실로 들어갔다.

네이마르는 자리에 앉았다. 수학은 그에게 골칫거리였다. 네이마르는 축구를 할 때는 모든 선수의 움직임을 머릿속으로 계산할 수 있었다. 네이마르는 수학 이론에는 뛰어났다. 하지만 점수를 잘 받으려면 응용을 잘해야만 했다. 이 부분은 두두가 잘하는 것이었다.

그 날은 시험을 보는 날이었다. 리날디Rinaldi 선생님은 분홍색 분필로 칠판에 빠르게 문제를 적어 내려갔다.

네이마르의 책상에는 빈 종이가 놓여있었다. 네이마르는 선생님이 칠판에 문제를 적는 모습을 보고 문제의 답을 알아챘다. 두두 덕분이었다.

시험이 끝나고 복도에서 기다리고 있던 두두가 물었다. "잘 봤어?"

"아는 문제가 나왔다고 할 수 있지."

"잘했어! 빨리 연습하러 가자!"

그 날 브리오사에서 연습하는 도중에 베티뉴가 네이마르를 불렀다. 양복을 입은 두 남자가 옆에 있었다. 몇 주 전 포르투게사 산치스타의 풋살 코트에서 네이마르를 지켜봤던 사람들이었다.

"로드리게스Rodrigues 씨하고 비에이라Vieira 씨다."

네이마르는 손을 내밀었다.

"만나서 반갑구나, 네이마르." 로드리게스가 소년과 악수를 하며 말했다. "아니, 주니뉴라고 부를까?"

네이마르는 두 남자를 유심히 살폈다. "네이마르 주니어라고 불러주세요."

"그래. 관중이 네 이름을 환호할 때 우리도 너를 보고 있었단다. 대부분은 여자들이던걸. 네 인기에 놀랐단다."

"네 실력에는 더 놀랐지." 비에이라가 껴들었다.

"저를 보러 오신 건가요?" 네이마르가 물었다.

"널 만나서 얘기도 하고 메니노스 다 빌라Meninos da Vila에서 뛰고 싶은 생각이 있는지 물어보려고 왔지."

네이마르는 깜짝 놀랐다. 메니노스 다 빌라는 산투스 FC의 유소년팀이었다.

"네이마르 주니어 씨가 할 말을 잊으셨나 봅니다." 베티뉴가 농담을 했다.

"사……산투스 말인가요?" 네이마르가 물었다.

로드리게스가 고개를 끄덕였다. "어때, 관심 있니?"

"관심 있냐고요? 꿈이 이루어졌는데요!" 네이마르는 기뻐하며 마구 뛰었다.

비에이라는 베티뉴를 슬쩍 본 후 다시 네이마르에게로 시선을 돌렸다. "산투스의 지토 감독이 네 경기를 본 후로는 계속 네 이야기만 했단다."

네이마르는 가슴이 벅차올라서 눈물까지 흘렸다. 그때 심판의 휘슬 소리가 들리자 네이마르는 그대로 친구 두두가 기다리고 있는 그라운드로 달려갔다.

베티뉴와 산투스 관계자들은 네이마르가 두두 앞에서 춤추는 모습을 보았다. 두 팔을 마구 흔들더니 뭐라고 소리쳤다. 두두는 잔디밭에 쓰러지더니 마치 낚싯줄에 걸린 물고기처럼 괴로워하며 온몸을 비틀었다. 그러고 나서 두 소년은 함께 웃음을 터뜨렸다.

베티뉴와 로드리게스, 비에이라도 웃었다. "초대해주셔서 감사합니다." 로드리게스가 베티뉴에게 말했다. "네이마르와 오랫동안 함께 하고 싶군요."

그때 일을 마치고 온 파이가 사이드라인으로 왔다. 그는 로드리게스와 비에이라가 누구이고 왜 왔는지 알고 있었다. 이미 계약 조건에 대해 이야기를 나누었기 때문이었다. "우리 아들이 진정을 못하고 있네요. 어떻게 하신 겁니까?" 아버지가 네이마르를 가리켰다. 과연 네이마르는 야생 토끼처럼 날뛰고 있었다.

"앞으로 생길 일들 때문이지요. 우린 아드님을 스타로 만들 겁니다." 베티뉴가 말했다.

"더 피시와 5년 계약을 맺을 거고 매달 2,000달러가 조금 넘는 돈을 받게 될 겁니다." 비에이라가 사무적인 말투로 설명한 후 가죽 서류 가방에서 계약서를 꺼냈다. "만족하실 겁니다, 실바 산투스 씨."

"앞으로 일을 좀 줄이셔도 되고 나딘은 집에만 있어도 됩니다." 베티뉴가 말했다.

파이는 벅차오르는 감정을 꾹 눌렀다. 지금은 흥분할 때가 아니었다. 고개만 끄덕였다.

"베티뉴도 계속 우리 아들을 도와주는 거지요?"

"물론입니다." 로드리게스가 대답했다.

"저도 마찬가지고요." 파이가 덧붙였다.

"물론이죠. 두 분이 없다면 지금의 네이마르는 없었을 테니까요."

파이는 베티뉴를 보았다. 모든 게 계획대로 진행되고 있었다. 그들의 생각보다 훨씬 빠르게.

CHAPTER 13

방과 후 연습

자르징 글로리아에는 안개가 해수면에서부터 산 측면까지 올라와 꼭대기까지 퍼졌다. 파이의 모터사이클 소리가 고요한 아침을 뚫고 울려 퍼졌다. 그는 프라이아 그란데의 다리를 지나 상비센치로 진입해 아나 코스타 거리로 들어서 아들의 학교 리세우 상파울루로 향했다. 아버지의 허리를 꽉 잡은 네이마르는 모터사이클이 방향을 바꿀 때마다 더욱 바짝 붙었다.

"더 빨리요!"

아버지는 빠르게 달리는 모터사이클을 무서워하면서도 재미있어 하는 아들의 모습에 웃음을 터뜨렸다. 리세우 앞에 도착하자 조심스럽게 모터사이클이 멈추고 네이마르가 내렸다.

"학교 끝나고 보자꾸나."

"이번에는 산투스까지 새로운 길로 가요. 더 먼 길로요."

"그러자꾸나." 아버지는 네이마르가 산투스의 유소년팀과 계약한 이후로 매일 훈련을 위해 아들을 학교까지 태워다 주었다.

"모터사이클 타는 게 재미있어?"

네이마르는 고개를 저었다. "아뇨. 아버지랑 있는 게 좋아서요." 네이마르는 가방을 어깨에 메고 "그럼 학교 끝나고 봐요."라고 말했다. 문으로 걸어가니 두두가 있었다. 두 사람은 학생들 틈에 섞여 사라졌다.

네이마르는 학교 수업이 끝나고 아버지를 기다리는 동안 팀이 연습 준비를 하는 모습을 보았다. 리세우 상파울루의 체육 교사인 푸스치니Fuschini가 코트를 가로질러 선수들 사이를 지나 급히 관중석으로 다가오더니 옆에 앉았다.

"팀 전체가 너를 우러러 보고 있단다."

"감사합니다, 푸스치니 선생님."

"다들 너와 같이 플레이하는 걸 좋아해."

"저도 좋아요." 네이마르는 시계를 보았다. "가봐야겠어요. 아버지가 밖에서 기다리고 계실 거예요." 네이마르가 일어섰다.

"경기보다는 훈련을 받을 때 선수들과 친해지는 법이지. 그렇지 않니?"

"네, 그렇겠죠." 네이마르는 빨리 아버지에게로 가야 한다는 생각에 조급해졌다.

"얼마 전에 선수 몇 명하고 이야기를 했는데 너하고 같이 하던 훈련이 그립다더구나."

"네?" 네이마르는 깜짝 놀랐다.

"다른 선수들은 네가 자기들하고 같이 훈련하는 걸 싫어한다고 생각해. 실력 차이가 너무 많이 난다고 생각하는 것 같대."

"하지만 그건 사실이 아니에요."

"아까 말했지만 다들 너를 우러러보고 있거든."

"하지만 전 훈련을 할 수가 없어요! 빌라 벨미로Vila Belmiro에 가야 하는 걸요!"

"그래. 다른 선수들의 희망사항일 뿐이지. 얼른 가보렴."

푸스치니 선생님과의 대화는 네이마르에게 죄책감을 느끼게 했다.

계단에서 기다리고 있던 아버지는 주위를 둘러보고 코트 옆의 관중석에 있는 아들을 발견했다. "주니뉴! 거기서 뭐하니? 늦었어!"

네이마르는 아버지를 본 후 코트를 둘러보다가 두두와 시선이 마주쳤다. 그리고 푸스치니 선생님을 다시 보고는 마음의 결정을 내린 듯 자리에서 일어나 책가방을 내려놓았다. "오늘은 빠지면 안 될까요, 아빠?"

"빠진다고?" 아버지가 관중석 사이를 헤치고 다가왔다. "빠진다니 무슨 소리냐?"

"친구들하고 연습하고 싶어요. 안 한 지 오래 됐잖아요."

아버지는 자리에 멈춰 서서 코트를 보았다. 팀 전체가 준비운동을 그만두고 가만히 서서 두 사람의 대화에만 정신을 쏟고 있었다. 아이들이 네이마르가 남기를 바란다는 것을 한눈에 알 수 있었다. 그리고 네이마르도 남아서 친구들과 연습을 하고 싶어 했다.

푸스치니 선생님은 일지에 뭔가를 적는 척했다. 그는 자신은 처음에 이야기만 꺼내고 다음은 아이들이 알아서 하도록 한 상황이 마음에 들었다. 그래도 유심히 귀를 기울이고 있었다.

"그래, 좋은 생각인 것 같구나." 마침내 아버지가 대답했다.

코트에 있던 소년들이 전부 환호하는 소리가 울려 퍼졌다.

네이마르는 계단을 한 번에 두 개씩 뛰어 코트로 갔다. 같은 팀 선수들이 곧바로 네이마르를 둘러쌌다.

"다르 움 샤페우^{dar um chapéu}('모자를 주다'라는 뜻으로 상대 선수의 머리 위로 찬 공을 다시 잡아서 뚫고 나아가는 기술)가 뭔지 아는 사람?" 네이마르가 물었다.

많은 아이들이 손을 들었다.

즉시 친선 경기가 이루어졌다. 두두와 네이마르가 각각 팀의 주장을 맡았다. 네이마르가 움직이는 순간 두 선수가 따라붙었지만 공을 가지고 요리조리 피해 골대를 향해 돌진했다. 상대 수비수들이 막으려고 했지만 헛수고였다. 네이마르는 상대 선수들 머리 위로 공을 높이 찬 후 재빠르게 뚫고 달려가서 다시 잡았다.

"이게 바로 다르 움 샤페우지!"

두두가 웃음을 터뜨렸다. 기술에 관한 한 아무도 네이마르를 따라잡을 수 없었다. 네이마르는 그 사실을 증명해보이고 있었다. 골키퍼가 달려들었지만 손을 써보기도 전에 다리 사이로 공이 들어갔다.

"다르 움 까네따^{dar um caneta}(일명 '알까기'라고 하는 넛메그^{nutmeg}의 브라질 표현)! 넛메그다!"

선수의 절반이 멈춰 서서 네이마르의 멋진 플레이를 바라보았다.

"다들 경기에 집중해!" 푸스치니가 사이드라인에서 소리쳤다.

"어쩔 수 없어요, 선생님!" 한 선수가 이렇게 외칠 때 뒤에서 두두가 빠르게 나오더니 네이마르에게 공을 찼다.

"진짜 잘하잖아요!" 또 다른 선수가 소리쳤다.

연습 후 소년들이 전부 네이마르 주위로 몰려들었다. "우리랑 같이 연습해줘서 고마워." 두두의 말에 다들 고개를 끄덕였다.

"국가대표 선수 같았어. 네가 우리랑 연습해야 한다고 생각하니 우리가 정신이 어떻게 됐었나봐."

네이마르는 웃으면서 모두와 악수를 했다. "나도 즐거웠어. 나도 너희들과 똑같은 팀의 일원이라고 생각한다는 걸 알아줬으면 해." 어린 시절 길거리에서 축구를 할 때부터 아버지가 항상 강조했던 말이었다. "우린 한 팀이고 위아래 없이 평등하고 모두 똑같은 걸 원해. 그렇지?"

"승리지!" 두두가 소리쳤다.

모든 선수가 환호했다.

사이드라인에서 보고 있던 푸스치니는 난간에 몸을 기대고 만족스러운 듯 웃었다.

아버지는 문가에서 기다리고 있다가 네이마르가 오자 둘이 하이파이브를 하고 코트를 떠났다.

CHAPTER 14

레알 마드리드

네이마르가 2004년에 새롭게 창설된 산투스 FC의 13세 이하 팀에 들어간 지 얼마 지나지 않아서 리마Lima라고 불리는 안토니오 리마 도스 산투스Antonio Lima dos Santos가 15세 이하 팀을 만들자는 이야기를 꺼냈다. 리마는 산투스에서 700경기 이상 출장한 베테랑 스트라이커였다. 산투스의 새로운 코치인 그는 지토와 상의했다. 그들은 자신들의 스타인 네이마르가 계속 도전을 하도록 만들어야 했다. 산투스 내부 관계자들은 네이마르가 이미 자신보다 나이 많은 아이들로 이루어진 팀에서 계속 발전하는 모습을 보여주고 있다고 판단했다. 또한 전 세계에서 스카우트 제의가 들어왔다. 이런 상황에서 산투스는 네이마르를 계속

데리고 있다가 1군으로 올려 보내야 했다.

친구를 쉽게 사귀는 편인 네이마르는 2005년에 우루과이 파이산뒤에서 산투스로 온 장신의 공격형 미드필더인 파울로 엔히크 간수Paulo Henrique Ganso와 절친한 사이가 되었다. P.H.라는 애칭으로 불리는 파울로는 그라운드에서 네이마르와 환상의 파트너였고 두 사람은 함께 탁월한 실력을 발휘했다.

몇 달 후 네이마르에게 와그너 리베이로Wagner Riberiro라는 에이전트가 생겼다. 그리고 일 년 후인 2006년에 리베이로는 레알 마드리드Real Madrid에서 온 편지를 네이마르에게 직접 전달했다. 거기에는 네이마르와 아버지를 위한 스페인행 비행기 표가 들어 있었다.

레알 마드리드의 기술 자문인 라몬 마르티네즈Ramon Martinez는 브라질의 스카우터들을 통해 무지다스쿠르제스 출신의 14살 천재에 대해 듣고 꼭 만나보고 싶어 했다. 그는 새 보스인 페르난도 마르틴Fernando Martin에게 네이마르 부자를 스페인으로 초대하자는 제안을 했다. 단, 이 사실을 산투스에는 비밀로 해야 했다. 베티뉴는 산투스 측에 절대로 사실을 이야기하지 않겠다고 약속했다.

드디어 스페인으로 떠나는 날 베티뉴가 공항까지 태워주었다. "긴장하지 말고 즐기세요. 페르난도 마르틴에게 나 대신 인사 좀 전해주고요." 베티뉴가 말했다.

"아는 사이에요?" 파이가 물었다.

"아뇨. 모르니까 대신 인사 좀 전해달라는 겁니다. 제가 얼마나 중요한 사람인지도 전해주세요!"

파이는 웃음을 터뜨렸다.

레알 마드리드의 훈련장인 발데베바스Valdebebas에서 이루어진 테스트는 성공적이었고, 다음 날 네이마르와 아버지는 레알 마드리드와 데포르티보 라 코루냐Deportivo La Coruna의 경기를 VIP석에서 지켜보았다. 레알 마드리드가 4대 0으로 이기고 있을 때 누군가 VIP석으로 서류뭉치를 가져다주었다. 아버지가 읽어보더니 믿을 수 없다는 듯한 표정을 지었다. 그는 떨리는 손으로 아들에게 서류를 보여주었다.

"왜 그러세요, 아빠?"

"레알 마드리드가 너하고 계약을 하고 싶다는 구나. 사흘 안으로 서류를 준비하겠대. 연봉 협상만 하면 되는 거야."

네이마르는 무척 긴장되었다. 주위를 둘러보고 깊게 심호흡을 했다. 확신이 서지 않았다. 아직 14살밖에 되지 않았다. 그는 두려웠지만 겉으로 드러내지는 않았다. 아버지를 실망시키고 싶지 않았다.

이틀 후인 2006년 3월 29일 네이마르는 테이블에 놓인 서류를 쳐다보았다. 아버지가 계약서에 서명을 했다. 네이마르도 아버지가 건네준 펜으로 서명을 했다. 다음 날인 3월 30일, 네이마르는 서류상으로 레알 마드리드 선수가 되었다. 마지막으로 연봉 협상만 남아 있었다.

네이마르는 오른쪽을 담당하는 수비수 다니 카르바할Dani Carvajal, 미드필더 파블로 사라비아Pablo Sarabia, 역시 미드필더인 알렉스 페르난데즈Alex Fernandez와 훈련을 했다. 네이마르는 포르투갈어밖에 몰랐고 나머지는 모두 스페인 출신이라 스페인어로 말했지만 그들에게는 축구라는 공통 언어가 있었다. 네이마르는 훈련 동안 20골이 넘는 골을 기록했다. 하지만 훈련 기간이 절반 정도에 이르렀을 때부터 두려움이 커졌다.

일주일이 지나갈 무렵, 호텔에서 아버지는 아직 잠들지 않은 아들의 침대 곁으로 갔다. 그는 아들이 어릴 때부터 매일 밤 그렇게 했다. 두 사람은 잠들기 전에 그 날 있었던 일에 대해 이야기하는 것을 좋아했다. 네이마르는 로바토 목사에게 매일 하루를 돌아보면서 누군가에게 상처를 주었다면 그 사람을 위해 기도하고 또 잘못을 바로잡을 방법을 찾아야 한다는 사실을 배웠다. 하지만 이번에는 아버지가 계속 말을 했다.

"레알 마드리드에서 다들 널 마음에 들어 하는구나."

"제가 아니라 제 플레이를 좋아하는 거예요." 네이마르가 말했다.

"그렇지." 아버지가 미소를 지었다. "레알 마드리드는 네가 여기에서 뛰길 바라고 있어. 비싼 사립학교에도 보내주겠다고 했어. 라파엘라도."

"브라질에서도 사립학교에 다니잖아요." 네이마르가 이렇게 말하며 아버지의 눈을 바라보았다. 아버지의 눈을 보면 언제나 편안해지고 답을 알 수 있었다.

"그게 무슨 표정인지 난 알지. 난 널 잘 알거든."

"항상 솔직하라고 하셨죠?"

"그래. 사람은 항상 사실만을 말해야 하는 거야."

"엄마하고 라파엘라가 보고 싶어요. 우리 팀 선수들도요. 산투스가 그리워요."

아버지는 오랫동안 아들의 표정을 살피고 마침내 고개를 끄덕였다. "나도 그렇단다." 그도 가족들이 그리웠다. 그 역시 스페인에서 사는 것은 생각도 할 수가 없었다. 하지만 아무리 힘들어도 결정을 내려야만 했다. 그는 14살밖에 되지 않은 아들이 마드리드에서 행복해 하지 않는다는 것을 알고 있었다. 네이마르 답지 않았고 웃음도 잃었다. 레알 마드리드가 아무리 세계적인 클럽이라도 아들의 행복이 더 중요했다. 산투스 FC를 떠나 온 가족이 스페인으로 옮겨 오는 것은 지나치게 이른 결정이라는 생각이 들었다. 네이마르는 뛰어난 축구 선수임이 분명했으니 편하고 행복한 곳에서 성장하는 것이 최선책일 터였다. 그리고 좀 더 성숙해졌을 때 유럽행을 결정하면 될 것이다.

아버지는 어느 새 잠든 아들을 바라보았다. 아들을 사랑하는 아버지는 어떤 결정을 내려야 하는지 확신할 수 있었다.

파이는 브라질에 있는 네이마르의 에이전트인 리베이로에게 전화를 걸었다. "와그너, 네이마르는 아직 어립니다. 아이에게 가장 좋은 곳은 집이에요. 산투스에서 뛰면서 더 성장하는 게 좋겠어요."

"좋은 생각입니다. 레알 마드리드가 어차피 네이마르에게 많은 돈을 지불하지도 않을 테니까요." 리베이로가 말했다.

파이가 웃음을 터뜨렸다. "그럼 집으로 가야겠습니다. 계약을 어떻게 취소할 수 있죠?"

"이렇게 하죠. 제가 레알 마드리드에 몸값으로 60,000유로를 요구하겠습니다."

"그 조건이라면 절대로 받아들이지 않을 걸요!"

"바로 그겁니다."

다음 날 리베이로는 레알 마드리드 관계자들과 짧은 전화 통화를 끝내고 파이에게 곧바로 좋은 소식을 알렸다. 레알 마드리드가 네이마르 다 실바 산투스 선수를 영입하지 않기로 했다는 소식이었다.

네이마르는 크게 기뻐하면서 당장 짐을 챙기기 시작했다.

"하나 더 있습니다, 와그너." 파이가 말했다.

"뭐죠? 일등석 비행기 표라면 이미 준비가 되어 있습니다."

"아뇨. 산투스하고 솔직한 대화를 해야 할 때에요."

수화기 너머로 잠시 침묵이 맴돌았다. 마드리드에서 브라질까지 침묵이 이어지는 것 같았다. "무슨 뜻인지 알겠습니다. 제가 산투스 회장에게 전화를 걸까요?"

"아뇨. 괜찮습니다. 제가 직접 전화하죠."

또 다시 긴 침묵이 이어졌다.

"좋습니다. 잘못된 선택이 아니길 바랍니다."

"걱정 마세요." 파이는 전화를 끊었다.

5분 후 산투스의 마르셀로 테세이라Marcelo Teixeira 회장은 네이마르의 아버지로부터 전화를 받았다. 무슨 일인지는 전혀 예상하지 못한 상태였다.

"마르셀로, 우리는 지금 스페인에 와 있습니다. 레알 마드리드가 네이마르를 영입하고 싶어 합니다."

이번에는 아까와는 다른 침묵이 이어졌다. 깨달음이 이어진 침묵이었다. "우리는 네이마르와 모든 가족에게 잘해줬는데." 테세이라 회장이 말했다. 위협과는 거리가 멀었다. 결정적인 패를 쥐고 있는 것은 파이였다.

"우리도 산투스를 가족이라고 생각합니다, 마르셀로. 좋은 선택을 하신다면 산투스에 계속 남을 겁니다."

테세이라가 헛기침을 했다. 그 말이 무슨 뜻인지 알았다. "네이마르는 나한테도 아들이나 마찬가지예요. 우리 모두에게요. 아들인데 뭐든 다 들어줘야 하지 않겠습니까?" 첼시Chelsea에서도 네이마르를 영입하고 싶어 하는 상태였으므로 빨리 매듭을 지어야만 했다.

다음 날 레알 마드리드의 카를로스 마르티네즈 데 알보르노즈 Carlos Martinex de Albornoz 이사는 수심에 잠긴 얼굴로 책상에 앉아 있었다. 큰 실수를 한 게 아닐까 싶었다.

네이마르와 아버지가 집으로 돌아간 뒤 두 가지 변화가 생겼다. 산투스는 네이마르를 잡아두기 위해 15세 이하 팀을 창설했다. 그리고 네이마르는 산투스 FC와의 계약으로 하루아침에 백만장자가 되었다. 5년 간 120만 유로를 받기로 했고 도중에 다른 팀으로 옮길 경우 450만 유로의 이적료를 받는다는 조항도 들어갔다.

CHAPTER 15

네이마르, 그리고 영웅 호나우두

2009년 3월 9일, 네이마르는 경기에 나가게 될지 알지 못한 채로 벤치를 지키고 있었다. 새로 부임한 감독인 바그너 만시니Vagner Mancini가 자세히 말해주지 않았다. 지난 주 초에 산투스 FC는 네이마르를 1군으로 승격시켰다.

아버지는 그런 아들에게 농담 섞인 조언을 해주었다. "항상 조심해라. 덩치 큰 선수들이 널 페이조아다로 만들고 싶어 할 테니까." 페이조아다는 브라질의 대표 음식인데 고기와 콩을 넣은 스튜였다. 네이마르는 아버지의 말이 농담이라는 것을 알았지만 그래도 나이 많은 선수들 틈에서 절대로 밀리고 싶지 않았.

네이마르는 상파울루에 있는 파카엠부 경기장Estádio do

Pacaembu의 관중석을 재빨리 훑어보았다. 잘 보이지는 않았지만 분명히 부모님과 여동생이 지켜보고 있을 터였다. 이 날 산투스는 상파울루의 중심에 위치한 이타폴리스라는 작은 지역이 연고지인 오에스치Oeste FC와 경기를 앞두고 있었다.

팬들이 네이마르의 이름을 외치는 소리가 들렸지만 만시니 감독은 신경 쓰지 않는 듯했다. 후반전 13분에 1대 1 동점이 되자 만시니 감독은 드디어 네이마르를 불렀다.

네이마르는 기뻐서 박수를 치며 재빨리 감독에게로 달려갔다.
"넌 할 수 있다고 믿어라. 한 골 부탁한다."

네이마르는 고개를 끄덕였다. 그라운드로 나가자 마치 지진이라도 난 것처럼 경기장 전체가 흔들렸다. 팬들이 계속 그의 이름을 연호했다.

"네---이---마---르!, 네---이---마---르!"

검은색과 하얀색 줄무늬로 된 산투스의 18번 유니폼을 입은 네이마르가 빛날 수 있는 순간이 드디어 왔다. 네이마르는 경기에 투입되자마자 공을 잡고 상대방 골대로 돌진해 슛을 날렸다. 아쉽게도 공이 크로스바를 맞고 튕겨 나왔다.

여전히 1대 1 동점이었다.

하지만 네이마르의 등장으로 사기가 살아난 산투스는 한 골을 더 넣어 2대 1로 승리했다. 네이마르는 1군 데뷔전에서 제 몫을 톡톡히 다했다. 경기가 끝나고 그라운드를 떠날 때 관중들이 그의 이름을 열렬히 연호했다. 새로운 스타의 탄생을 알리는 순간이었다.

그리고 8일 후인 2009년 3월 15일, 네이마르는 또 다시 기회를 얻었다. 이번에도 파카엠부 경기장에서 무지미림Mogi-Mirim과의 경기가 열렸다. 이번에 네이마르는 등번호 7번을 달았다. 그라운드로 나간 지 17분 만에 네이마르는 슛을 날렸지만 무지의 골키퍼 마르셀로 크루즈Marcelo Cruz의 선방에 막혔다.

전반전 결과는 0대 0이었다. 그리고 후반전 11분 만에 P.H. 간수가 공을 잡아 골인시켰고 12분 후에는 호나우두Ronaldo가 득점을 해서 산투스가 2대 0으로 앞섰다.

몇 분 후 몰리나Molina가 하프라인을 가로질러 제르마누Germano에게 패스했고 제르마누는 왼쪽으로 가서 중앙에 있는 트리귀뉴Triguinho에게 패스했다. 트리귀뉴는 가운데로 공을 찼고 그때 수많은 수비수들을 뚫고 네이마르가 헤딩으로 골을 성공시켰다. 3대 0이 되었다!

산투스에 입단한 후 첫 골이었다! 네이마르는 기뻐하면서 마구 달렸다. 검지를 하늘로 치켜들고 할아버지에게 영광을 돌렸다. 첫 골을 넣으면 할아버지에게 바치겠다고 아버지에게 한 약속을 지킨 것이었다. 그리고 오래 전에 산투스에서 뛴 펠레처럼 공중으로 뛰어오르면서 주먹을 날렸다.

네이마르는 P.H.에게 뛰어갔고 두 사람은 기뻐하며 서로 얼싸안았다.

"산투스의 어린 네이마르 선수, 정말 대단하네요!" TV 해설자 밀턴 레이치Milton Leite가 마이크에 대고 소리쳤다. "역사적인 골입니다. 오늘은 브라질 축구의 역사적인 날입니다!"

네이마르가 그라운드를 떠날 때 운동선수 출신으로 TV 방송에서 활동하고 있는 글렌다 코즐로프스키Glenda Kozlowski가 인터뷰를 요청했다. "네이마르, 첫 팀에서 첫 골을 넣은 소감이 어떤가요? 다음에는 뭘 보여줄 거죠?"

"다음 일요일에 지켜봐주세요." 네이마르가 마이크에 대고 말했다. "코린티안스Cornthians하고 붙을 거예요. 브라질의 영웅 호나우두가 있는 팀이죠!"

"호나우두 선수는 전성기도 지나고 살도 많이 쪘잖아요. 과연 네이마르 선수하고 경쟁이 될까요?"

네이마르는 그녀가 자신의 영웅을 깎아내리는 말이 마음에 들지 않았지만 그냥 미소를 지었다. "그랬으면 좋겠어요." 그는 이렇게 말하고 급하게 라커룸으로 향했다. 도대체 무슨 말을 하는 거람? 호나우두는 브라질에 2002년 월드컵 우승 트로피를 안겼고 FIFA 올해의 선수로 세 번이나 뽑힌 선수인데!

"지금까지 네이마르 선수였습니다. 벌써부터 제2의 펠레라고 불리고 있죠!"

다음 일요일, 빌라 벨미로 경기장에서 벌어진 코린티안스와의 경기에서 네이마르는 그의 영웅 호나우두를 제치고 돌진했다. 경기가 시작되기 전에 아버지와 이사야서의 구절을 읽었다.

그날은 영웅 호나우두의 마지막 경기인 만큼 그는 이기기 위해 최선을 다했다. 하지만 산투스가 졌다. 호나우두는 진정한 챔피언답게 골대에서 약 18미터 떨어진 거리에서 경이로운 슛을 날려 골인시켰다.

네이마르는 그라운드에 선 채로 환상적인 그 골을 바라보면서 P.H.에게 말했다. "정말 멋지다."

"당연하지. 호나우두가 마지막 경기에서 훌쩍거리면서 떠날 줄 알았어?"

"안 그래서 다행이야!" 네이마르가 말했다.

"쉬이. 조용히 해. 저기 온다."

호나우두는 축구 선수로서 마지막 경기를 마치고 네이마르와 P.H.를 지나가면서 "재미있었어!"라고 말했다.

CHAPTER 16

정상에서 바닥으로

다음 해 1월, 네이마르와 안드레 데 수자^{André de Souza}는 2010년 시즌 개막전을 위해 그라운드로 나가자 관중석에서 사람들이 웃음을 터뜨리면서 시끌벅적해졌다.

두 사람이 똑같이 모히칸 헤어스타일을 하고 나타난 것이었다. 그들은 사이드라인에 잠깐 멈춰 서서 관중들이 충분히 감상할 시간을 주었다. "맘에 안 들어." 안드레가 삐죽 솟은 가운데 부분을 만지며 말했다.

"불평하는 사람은 별로지만 다들 모히칸 머리는 좋아하는 것 같아." 네이마르가 농담을 했다.

안드레도 웃었다.

역시 산투스의 무서운 4인방인 P.H. 간수와 호비뉴가 뛰어왔다. P.H.는 모히칸 머리가 마음에 들지 않았다. 넷이 같이 그라운드로 걸어가면서 P.H.가 말했다. "설마 나도 이 머리를 하기를 바라는 건 아니겠지."

"이마에 뭐 묻었네." 호비뉴는 이렇게 말하며 P.H.의 이마를 문지른 후 네이마르의 머리를 헝클어뜨렸다. "이 머리는 아무리 봐도 우스꽝스러워."

"튀려고 한 머리에요." 네이마르가 그라운드에 자리를 잡고 서면서 반쯤 농담으로 말했다.

"튀려고? 넌 조만간 헬리콥터 타고 출근하게 될 텐데."

호비뉴는 자신의 말이 현실로 이루어질지는 몰랐다. 정말로 3개월 후 네이마르는 상파울루 리그인 캄페오나투 파울리스타 Campeonato Paulista에서 14골을 넣었고 4월에는 헬리콥터로 이동하게 되었다. 3개월 동안 영웅으로 떠오른 것이다.

하지만 모든 영광이 한순간에 무너졌다.

5월에 아틀레치쿠 고이아넨시 Atletico Goianiense와의 경기에서 네이마르는 패널티킥을 차지 못하게 했다는 이유로 성질을 부렸고, 팀 주장과 감독에게 화내는 모습이 모든 신문을 장식하면서

'네이몬스터'라는 별명까지 생겼다. 그 날 경기가 끝나고 라커룸을 빠져나갈 때 밖에서 엄마가 그를 기다리고 있었다. "난 우리 아들을 이렇게 키우지 않았어."

네이마르는 부끄러웠다. 자신도 모르게 이성을 잃고 한 행동이었다. "죄송해요, 엄마. 제 잘못이라는 걸 알아요."

"그래. 잘못을 저질렀으니까 바로잡아야 해. 어서 들어가서 바로잡아."

네이마르는 라커룸으로 돌아가서 양 팀 모두에게 사과를 했다. 도리발 주니어Dorival Junior 감독은 네이마르를 옆으로 불러냈다. "3개월 전만 해도 아무도 네 이름을 몰랐는데 이제는 모두의 관심이 너한테 쏠려 있다. 그게 어떤 건지 나도 잘 알아. 네가 앞으로 어떤 일을 겪을지도. 하지만 무엇보다 경기에 집중해야 한다. 인기가 아니라 경기가 중요해. 물론 쉽진 않겠지. 하지만 정상에서 바닥으로 추락하기는 쉽다. 성질을 부리는 게 아니라 축구를 하는 게 네가 할 일이야. 두 경기 출장 금지다." 감독은 이렇게 말하고 갔다.

"네, 알겠습니다." 그럴 만한 행동을 했다는 것을 네이마르도 잘 알고 있었다.

CHAPTER 17

FIFA 올해의 골

네이마르와 P.H.는 2010년 남아프리카 월드컵 국가대표팀에 뽑히지 못했다. 월드컵에서 다섯 차례나 우승을 차지했던 브라질은 준준결승전에서 탈락했고 둥가Dunga 감독이 경질되고 마누 메네제스Mano Menezes 감독이 새로 부임했다. 그는 짧게 자른 머리에 깐깐해 보이는 인상이었다. 메네제스는 국가대표팀 감독이 된 지 이틀 후에 2014년에 브라질에서 열릴 올림픽을 위해 구축하고 있는 대표팀에 네이마르를 불러 들였다.

대표팀 합류 다음 달에 뉴저지에서 열린 미국과의 친선 경기에 참여했다. 메네제스는 그 경기에 P.H. 간수와 호비뉴도 출전시켰다. 산투스에서 가장 뛰어난 4인방 중 세 명이 국가대표팀에서 뭉치게 된 것이었다. 때는 2010년 8월 10일이었다.

직설적인 화법으로 유명한 메네제스 감독은 선수들에게 짤막하지만 정곡을 찌르는 조언을 던졌다. "너희들이 아는 대로 플레이를 펼쳐라."

경기 시작 28분 후 호비뉴가 왼쪽에서 돌진하는 안드레 산투스André Santos에게 공을 패스했고 안드레는 네이마르가 상대 수비 진영에서 수비수들을 제치는 모습을 보았다. 네이마르는 안드레가 크로스로 올린 공을 헤딩으로 골로 연결시켰다. 자신도 성공할 줄 몰랐다는 듯이 놀란 표정이었다.

네이마르는 무릎을 꿇고 두 팔을 높이 치켜들면서 유니폼의 브라질 국기에 입맞춤을 했다. 잠시 후 동료들이 우르르 달려들었다. 네이마르는 2014년 월드컵으로 가는 첫 걸음을 내딛었다는 사실을 깨달았다. 너무도 행복했다. 그리고 일 년도 채 지나지 않은 2011년 7월 27일, 네이마르는 산투스의 빌라 벨미로 경기장에서 열린 브라질리그 브라질레이루Brasileirão 12라운드, 플라멩구Flamengo와의 경기를 위해 그라운드에 섰다. 리우데자네이루의 명문 클럽인 CR 플라멩구는 산투스의 라이벌이었고 해당 리그에서 이미 여섯 차례나 우승을 차지한 바 있었다.

플라멩구의 호나우지뉴Ronaldinho가 해트트릭을 기록하고 있었다. 하지만 잠시 후 네이마르에게로 이목이 쏠렸다. 남은 시간은 30분밖에 없었다.

네이마르가 공을 가로채자 곧바로 레오 무라Leo Moura와 윌리엄스Williams가 달려오는 것이 보였다. 그 둘은 네이마르를 합동으로 집중 마크를 했고 네이마르는 그들의 끈질긴 마크를 벗어나야만 했다. 그때 마침내 기회가 왔다. 네이마르는 자신을 막으려고 하는 헤나투Renato를 빠르게 제쳤지만 플라멩구의 센터백인 호나우두 안게림Ronaldo Angelim과 정면으로 마주쳤다. 네이마르는 눈 깜짝할 사이에 공을 옆으로 드리블해서 반대쪽 발로 잡았다. 수비수들이 달려들고 골키퍼가 앞으로 나왔을 때 힘차게 슛을 날려 성공시켰다. 관중들의 함성이 멈추지 않았다.

2012년 1월, 네이마르는 플라멩구 전에서 보여준 그 골로 'FIFA 올해의 골' 후보에 올랐다. 가장 뛰어난 플레이를 보여준 선수에게 매년 수여하는 FIFA 발롱도르 시상식에 참여하기 위해 스위스 취리히로 갔다. 올해의 골 후보에는 그 말고 리오넬 메시Leo Messi와 웨인 루니Wayne Rooney 선수도 올라 있었다. 네이마르는 자신이 상을 탈 가능성은 전혀 없다고 생각했다. 하지만 한편으로는 가슴 속의 희망도 놓지 않았다. 마침내 수상자로 자신의 이름이 호명되자 네이마르의 얼굴에는 미소가 가득 퍼졌다. 그는 자리에서 벌떡 일어났다.

멕시코의 우고 산체스Hugo Sanchez가 그에게 트로피를 주었다. 네이마르는 도저히 믿어지지 않았다. 반짝이는 트로피에 비친 자신의 얼굴을 보니 눈썹 위의 흉터가 언뜻 보였다. 네이마르는 흥분을 가라앉히고 수상 소감을 이야기했다. "이 상을 받게 되어 무척 기쁩니다. 세계에서 가장 뛰어난 두 명의 선수를 제쳤으니까요. 두 선수의 팬입니다!" 순간 눈물이 나오려고 했다. "하느님과 이 자리에 계신 모든 분들께 영광을 돌리고 싶습니다. 모두 즐거운 저녁 되세요."

뜨거운 박수갈채가 쏟아졌다. 그는 무대 뒤편으로 가보니 축구 역사상 가장 위대한 선수 펠레가 그를 기다리고 있는 것을 보았다. 펠레는 네이마르의 어깨를 잡고 축하해주면서 말했다. "이제 유럽으로 가서 뛰어야지."

스위스에서 브라질로 돌아가 보니 가족들은 얼마 전에 찍은 TV 광고가 나올 예정이라 잔뜩 들떠 있었다. 다들 빨리 보고 싶어 했다. 모두 TV 앞에 앉아 광고가 나오기만을 기다렸다.

"나온다. 다들 조용히 해." 아버지가 말했다.

네이마르가 광고 모델로 나선 제품은 그의 부모님이 잘 아는 제품이었다. 바로 파나소닉 정수기였다.

광고가 끝나자 네이마르만 빼고 다들 웃음을 터뜨렸다. 그는 왜 다들 웃는지 알 수 없었다. "처음이지만 저 정도면 잘했잖아요!"

"너 때문에 웃은 게 아니란다." 엄마의 말이었다. "오래 전에 전기세가 밀려서 전기가 끊겼을 때 너희 아버지가 집집마다 저 정수기를 팔러 다녔거든!"

"정말이에요?" 네이마르는 깜짝 놀랐다.

"최저 임금으로 말이지!" 아버지가 자랑스럽게 거들었다. "그런데 아들은 엄청난 돈을 받고 광고 모델이 되다니!"

모두들 웃음을 터뜨렸다.

CHAPTER 18

변화의 물결

2012년 9월, P.H.가 네이마르에게 새로운 소식을 전해주었다. "네이마르, 나 산투스를 떠나게 됐어. 너한테 가장 먼저 알려주는 거야."

"왜? 클럽에서 잘렸어?"

P.H.가 웃음을 터뜨렸다. "아니. 상파울루하고 계약했어."

네이마르는 가장 친한 친구를 껴안았다. 아쉬우면서도 친구가 자랑스러웠다. "네가 없으면 정말 허전할 거야. 그라운드에서 나보다 널 잘 아는 사람은 없는데." 네이마르는 애써 눈물을 참았다.

"나랑 붙을 날을 기대하라고. 내가 널 몰랐으면 하고 바라게 될 걸." P.H.가 농담을 던졌다.

두 사람은 함께 웃으면서 포옹을 했다.

"형제의 대결이지." 네이마르는 애써 아무렇지 않은 척했다. 하지만 속으로는 P.H.가 없으면 산투스에서 자신의 전성기도 끝이라는 사실을 알고 있었다. "넌 나중에 뭐 할 거야?" 네이마르가 그에게 물었다.

P.H.는 어깨를 으쓱했다. "글쎄. 결혼할지도 모르지. 넌?"

"난 프라이아 그란데에 아이들을 위한 시설을 만들 거야."

"아이들? 넌 이기적인 녀석이잖아!" P.H.가 장난을 쳤다.

"그랬지. 부정하진 않겠어. 하지만 길거리에서 축구할 때부터 생각했던 거야. 우리 집은 예전엔 전기세를 못 내서 전기가 끊기기도 했거든. 지금은 여유로워졌지만. 지금도 자르징 글로리아와 프라이아 그란데에는 가난한 아이들이 너무도 많아. 여기저기 다니고 상도 타고 하면서 정말 많은 걸 깨달았거든."

"그래? 뭘 깨달았는데?" P.H.가 물었다.

"우선 내가 예전에는……."

"너무도 이기적이었지." P.H.가 끼어들었다.

"그래. 나만 생각했어. 하지만 이젠 남을 생각하게 됐어. 예전보다는 나은 사람이 됐지. 어릴 때 전기가 끊겨서 촛불을 켜야 했을 때 다짐했던 일을 실행에 옮길 거야. 프라이아 그란데에 넓은 땅을 사놨어. 가난한 아이들이 와서 축구도 하고 또 배우게 할 거야. 스포츠 스쿨이 되는 거지. 도와줄 선생님들도 알아놨어. 너도 도와줬으면 좋겠어. 축구, 배구, 수영, 유도, 농구, 읽기, 쓰기, 컴퓨터를 가르칠 거야. 아름다운 음악도. 읽고 쓰기를 못하는 어른들도 많거든. 그런 사람들에게 도움이 되고 싶어."

P.H.는 말없이 친구를 살피다가 껴안았다. "도와줄게. 우린 형제니까. 하지만 조심해. 내가 경기에서 널 이길 거니까!"

정말로 6개월 후인 2013년 2월, 산투스와 상파울루의 친선경기가 열렸다. 네이마르는 지난 6개월 동안 상파울루의 수비수로 좋은 활약을 보여주고 있는 베스트 프렌드 P.H.와 겨루게 되어서 기뻤다. 이제 드디어 형제가 맞붙게 된 것이었다. 하지만 P.H.가 그라운드로 나오자 수많은 산투스 팬들이 야유를 보내기 시작했다. 배신자라면서 동전까지 던졌다.

몇몇 사람은 울타리를 넘어 P.H.에게로 달려와 공격을 하려고 하자 네이마르가 달려가 친구를 감쌌다. "진정해요! 진정하라고요!" 네이마르가 몇 번이나 소리치자 겨우 사태가 마무리되고 경기가 시작되었다. "오자지아 알레그리아!Ousadia e alegria"라고 네이마르가 외쳤다. 이것은 네이마르와 P.H.의 좌우명으로 '대담하고 즐겁게'라는 뜻이었다. 즉, 새로운 시도를 하는 용기와 축구를 할 수 있다는 행복을 뜻했다. 팬들이 진정하고 경기가 시작되고서야 P.H.는 안심했다.

몇 달 뒤인 5월 27일, 네이마르는 산투스에서의 마지막 경기를 치렀고 9년간 몸담았던 홈팀에 작별을 고했다. 하루 전날에는 헬리콥터를 타고 타바칭가 해변으로 가서 P.H.의 결혼식에 신랑 들러리로 참석했다.

다음 날 네이마르는 힘든 선택을 해야 하는 상황에 처했다. 레알 마드리드와 FC 바르셀로나 FC Barcelona 로부터 스카우트 제의가 들어온 상태여서 둘 중 하나를 선택해야만 했다. 어느 팀을 선택하든지 유럽 진출은 확정적이었다. 그는 이미 준비를 마친 상태였다. 'FIFA 올해의 골'을 수상하던 날 펠레가 했던 말이 머릿속을 맴돌았다. "이제 유럽으로 가서 뛰어야지." 다음 날 그는 산투스의 선수로서 마지막 경기를 치루기 위해 브라질리아로 갔다. 그곳은 2014년 브라질월드컵 경기가 치러질 곳이기도 했다. 표는 이미 매진이었다. 63,000여 명이나 되는 관중들이 그의 고별 경기를 보기 위해 왔다. 네이마르는 229경기에 출전해 138골을 기록했고 여섯 차례나 우승 트로피를 들어 올렸다. 이제 산투스 FC에서 보낸 9년의 시간이 막을 내리려 하고 있었다.

눈물이 흘렀다. 동료인 빅토르 안드라데Victor Andrade와 라파엘Rafael이 옆에서 그를 위로해주었다. 나머지 동료들도 그를 에워쌌다. "여러분 모두 그동안 감사했습니다. 산투스를 떠나는 게 쉽진 않지만 꿈을 이루려고 어려운 결정을 했습니다. 오늘 지든 이기든 여러분과 꼭 같이 뛰고 싶었습니다. 90분간의 마지막 경기. 그동안 정말 감사했습니다. 저는 영원히 산투스의 팬으로 남을 겁니다." 네이마르의 얼굴에는 눈물이 쉬지 않고 흘렀다. 그는 모든 선수에게 일일이 인사를 건넸다. "여러분 모두 행운이 가득하기를 바랍니다. 우리는 영원한 친구이고 어디에 있든 언제나 응원하겠습니다."

그 날 0대 0의 무승부로 경기가 끝나고 네이마르가 바르셀로나로 이적한다는 소식이 공식 발표되었다.

하지만 바르샤에 합류하기 전에 먼저 국가대표팀에서 뛰게 되었다. 2013년 6월 30일에 있을 FIFA 컨페더레이션스컵이 기다려졌다.

CHAPTER 19

백넘버 10번

대륙별 챔피언 간 국제축구대회인 컨페더레이션스컵은 네이마르가 브라질 축구에서 가장 중요한 역할을 할 수 있는 좋은 기회였다. 컨페더레이션스컵은 월드컵보다 정확히 일 년 앞서서 열리는 리허설 같은 무대이기 때문이었다. 네이마르는 자국민은 물론 전 세계에 자신이 조국에 월드컵 우승을 안겨줄 수 있다는 사실을 증명하고 싶었다. 2002년에 브라질을 월드컵으로 이끈 루이스 펠리프 스콜라리Luiz Felipe Scolari, 일명 '빅 필Big Phil'이 2012년 말에 메네제스의 뒤를 이어 국가대표팀 감독으로 부임하자 다들 환호를 보냈다.

스콜라리 감독이 가장 먼저 한 일은 네이마르에게 등번호 10

번을 준 것이었다. 네이마르는 그것이 얼마나 큰 의미인지 잘 알고 있었다. 스콜라가 네이마르에게 10번 유니폼을 준 것은 기회와 동시에 책임감도 함께 부여해준 것이었다. 그는 네이마르가 브라질에 월드컵 우승을 안겨줄 수 있다고 믿었다. 아직 20살밖에 되지 않았지만 충분히 준비가 되었다고 생각했다.

브라질과 네이마르는 컨페더레이션스컵에서 시작부터 순조로웠다. 개막전에서 일본을 3대 0으로 이겼다. 네이마르와 파울리뉴Paulinho, 호Jô가 각각 3분, 48분, 90분에 골을 기록했다. 그리고 사흘 후에 멕시코와의 경기에서 네이마르는 또 다시 9분 째에 골을 넣었다.

브라질은 준결승전에서 우루과이를 2대 1로 이겼다. 41분에 프레드Fred가 골을 넣었고 86분에 파울리뉴가 결승골을 성공시킨 덕분이었다.

그리고 결승전에서 스페인과 맞붙게 되었다.

리우데자네이루에 있는 유명한 마라카낭Estádio do Maracanã 경기장의 터널을 지나갈 때 네이마르는 이상한 기분이 들었다. 곧 바르셀로나에서 한솥밥을 먹게 될 선수들과 겨루는 경기이기 때문이었다. 사비Xavi, 이니에스타Iniesta, 부스케츠Busquets, 페드로

Pedro, 피케Pique 등 그가 존경하는 선수들이 모두 있었다. 상대 선수들과 시선을 교환하고 포옹을 나누었다. 이 경기가 끝나고 몇 주 후면 캄푸 누Camp Nou의 라커룸을 함께 쓰면서 가까워질 동료들이었다. 하지만 오늘 네이마르는 중요한 임무를 수행해야만 했다. 오늘 스페인을 이기고 우승 트로피를 가져간다면 미래의 동료들에게 자신의 실력을 확실히 보여줄 수 있을 터였다. 경기 시작 시간인 저녁 7시가 거의 가까워졌다.

그라운드에서 스콜라리 감독은 느긋한 표정으로 스페인의 빈센테 델 보스케Vincente Del Bosque 감독과 악수를 나누었다.

네이마르는 눈을 감고 곧 시작될 경기에 대해 상상했다. 옆에는 프레드, 알베스Alves, 세자르Cesar, 실바Silva, 루이스Luiz, 마르셀로Marcelo, 오스카Oscar, 루이스 구스타보Luiz Gustavo, 파울리뉴, 헐크Hulk 등의 동료들이 있었지만 잠시 혼자 있는 기분이 들었다. 다니Dani가 그의 어깨를 감싸고 힘을 주었다.

브라질의 애국가가 울려 퍼지고 선수들과 팬들이 따라 부르기 시작했다. 하지만 FIFA 규정상 애국가 제창은 90초로 제한되어 있었다. 90초가 지났을 때는 애국가의 3분의 2밖에 부르지 못했다. 하지만 팬들은 음악이 끝난 후에도 애국가를 끝까지 계속 불렸다.

다니 알베스가 귀에 조용히 기도를 읊어주자 네이마르는 마음이 편안해지는 것을 느끼고 고마워했다. 선수들이 각자 위치로 갔고 네이마르도 센터라인으로 갔다.

2분 후 네이마르가 어시스트 한 볼을 프레드가 잡다가 넘어지면서 찬 공이 스페인의 골키퍼 카시야스Casillas 선수를 지나쳐 골인했다. 브라질이 1대 0으로 앞서갔다.

41분 후 오스카가 패널티 지역 왼쪽에 있던 네이마르에게 공을 패스했다. 네이마르는 왼발로 슛을 날렸고 카시야스의 머리를 지나 골네트를 갈랐다.

마법사 네이마르의 골로 2대 0이 되는 순간 관중들의 함성소리가 경기장을 가득 메웠다. 후반전 시작 2분 만에 전반전과 마찬가지로 프레드가 골포스트의 왼쪽 가장 먼 구석으로 감아 차며 골을 기록했다. 카시야스의 손이 공에 닿았지만 워낙 빠른 슛이라 놓칠 수밖에 없었다. 결국 브라질이 3대 0으로 이겼다. 네이마르가 그라운드를 나설 때 63,000여 명의 팬들이 환호했다.

며칠 후 네이마르는 바르셀로나에서 56,500여 명의 팬들 앞에 섰다. 브라질 출신 선수의 데뷔전으로는 역대 최대 관중이었다.

네이마르는 자신의 영웅 메시와 함께 뛸 마음의 준비를 갖추었지만 한편으로 자신의 축구 인생에서 가장 힘든 한 해가 되리라는 것도 알고 있었다.

CHAPTER 20

집으로

네이마르가 바르샤에서 맞이한 첫 번째 시즌에 보여준 성적은 그럭저럭이었다. 새로운 헤라르도 마르티노Gerardo Martino 감독 아래에서 41경기에 출장해 15골을 기록했다. 팬들과 미디어는 그가 바르샤에 잘 적응하는지, 메시와 어떤 호흡을 보여주는지 관심을 가지고 지켜보았다.

첫 번째 시즌은 실망스럽게 막을 내렸다. 바르샤가 챔피언스리그와 코파 델 레이에서 모두 우승하지 못했기 때문이었다. 이제 유일한 희망은 시즌의 마지막 경기라고 할 수 있는 프리메라리가 우승뿐이었다.

알렉시스Alexis가 첫 골을 넣었지만 바르샤는 6년 만에 다섯 번째 우승컵을 손에 넣는 것은 불가능했다. 캄프 누에서 열린 경기에서 아틀레티코 마드리드Atletico Madrid가 바르샤를 1대 1 무승부로 잡아두고 우승 트로피를 가져갔다. 바르샤는 2위에 그쳤다. 고딘Gondin이 헤딩으로 동점골을 성공시키면서 승점에서 앞서 우승을 차지했다.

네이마르는 경기 61분까지 벤치에 앉아 있었다. 그때 헤라르도 마르티노 감독이 페드로를 빼고 네이마르를 투입시켰다. 하지만 네이마르는 아틀레티코의 수비에 막혀 어쩔 수가 없었다.

그리고 며칠 후 바르샤의 선수들은 각자 국가대표팀에서 뛰기 위해 마지막으로 모였다. 메시, 네이마르, 알렉시스, 마스체라노 Mascherano, 그리고 스페인 선수들은 서로 작별인사를 하면서 월드컵에서의 행운을 빌어주었다. 네이마르와 다니 알베스는 브라질 국가대표팀에 합류했다. 며칠 후 바르샤의 주전들은 대부분 자국의 국가대표로서 브라질 월드컵으로 향했다.

"제 희망사항이 뭔지 아세요?" 선수들이 각자 조국으로 돌아가기 전에 네이마르가 메시에게 물었다.

"응. 브라질이 월드컵에서 이기는 거겠지."

네이마르가 씩 웃었다. "맞아요. 하지만 결승전에서 브라질하고 아르헨티나가 만나는 거예요."

그러자 아르헨티나 국가대표팀 주장인 메시가 웃으면서 말했다. "그래. 브라질에서 널 이기면 기분 좋을 거야!"

브라질이 처음 월드컵을 주최한 것은 1950년이었다. 당시 브라질 국민들은 브라질이 자국에서 월드컵 우승을 거둘 수 있는 역사적인 순간을 맞이할 거라는 기대감에 부풀어 있었다. 브라질 국가대표팀은 결승전까지 무사히 진출해 마라카낭 경기장에서 우루과이와 맞붙었다. 무승부만 기록해도 브라질이 우승컵을 차지할 수 있는 유리한 상황이었다. 포르투갈 언론은 경기가 시작되기 전부터 브라질이 챔피언이라고 했다. 하지만 축구 역사상 최고의 이변 중 하나가 벌어졌는데, 우루과이가 경기 종료 11분을 남겨 놓은 상황에서 한 골을 기록하면서 우승컵을 거머쥐었다. 그 날의 경기는 믿을 수 없는 패배를 뜻하는 '마라카나조 The Maracanazo'로 기억되고 있다. 브라질에서는 전 국민이 묵념의 시간을 가질 정도로 역사적인 재앙으로 기억되었다. 이날의 충격적인 패배로 브라질 국가대표팀은 대대적인 변화를 추구했다. 그 후 월드컵에서 다섯 차례나 우승했지만 그 날의 충격적인 패배의 상처는 아직까지 남아 있다. 또 다시 월드컵을 주최하게 된 브라질로서는 54년 만에 그 날의 상처를 없애버릴 수 있는 절호의 기회인 셈이었다. 일 년 전 컨페더레이션스컵 우승으로 이번 국가대표팀이 꿈을 이루어 주리라는 믿음이 생겼다. 네이마르는 마라카나조의 아픔을 씻어낼 준비가 되어 있었다. 비록 그가 태어나기 훨씬 전의 일이었지만 모든 브라질 사람이 그러하듯 네이마르도 그 일에 대해 잘 알고 있었다. 그는 월드컵 첫 경기가 열리기 전에 "월드컵 우승이라는 브라질 국민의 꿈을 이뤄주고 싶습니다."라고 각오를 말했다.

진심이었다. 온 국민의 열렬한 지지가 있으니 가능하다고 믿었다.

네이마르는 2억 명의 브라질 국민에게 희망의 상징이 되었다. 브라질 사람들은 네이마르의 빠른 움직임과 독창적인 플레이, 조국을 위해 뛴 49번의 경기에서 31골과 22도움을 기록한 놀라운 성적을 우러러보았다. 브라질에서 그는 산투스에서 229경기, 138골을 기록한 골든 보이였다. 월드컵이 시작되자마자 온 국민의 뜨거운 사랑이 새로운 10번 선수에게로 향했다.

크로아티아와의 첫 경기가 있기 전에 네이마르는 엄마에게 그 경기에서 입은 유니폼을 드리겠다고 말했다. 그리고 그는 약속을 지켰다. 경기가 끝난 후 엄마에게 유니폼을 벗어주었다. 아버지와 함께 그동안 사랑으로 아들을 뒷바라지해준 엄마는 그 유니폼을 받을 자격이 충분했다. 조별 예선 첫 경기에서 네이마르는 2골을 기록했다. 브라질뿐만 아니라 전 세계가 떠오르는 슈퍼스타에게 열광했다.

"정말 행복합니다." 네이마르는 경기 후 인터뷰에서 말했다. "오랫동안 꿈꿔왔던 일인데 조별 예선 첫 경기를 승리로 시작하는 게 정말 중요합니다. 2골을 넣어서 정말 행복합니다. 하지만 지고 있는 상태에서도 평정심을 잃지 않고 승리를 이루어낸 팀 전체가 칭찬을 받아야 합니다. 저나 한두 선수의 공이 아니라 팀 전체의 공입니다."

조별 예선 두 번째 경기인 멕시코전에서는 골을 넣지 못했다. 멕시코의 골키퍼 기예르모 오초아Guillermo Ochoa 선수의 선방이 돋보인 경기였다.

카메룬과의 세 번째 경기에서는 네이마르가 2골을 넣어 브라질이 4대 1로 승리했다. 이로써 브라질은 16강전 진출을 확정지었다. 모든 국민이 꿈에 가까워지고 있다고 생각했다. 여기저기서 네이마르의 유니폼을 입고 다녔다. 경기가 진행될수록 희망이 커졌다. 다들 네이마르가 온 국민의 꿈을 이루어줄 수 있다고 믿었다.

"기분이 어떠냐?" 세 번째 경기가 끝난 후 아버지가 물었다.

"꿈을 향해 다가가고 있어요, 아버지. 아버지가 기어 다니던 저에게 처음 축구를 가르쳐주셨을 때부터 세운 목표를 지금 이뤄가고 있는 중이에요."

아들의 말에 아버지가 웃음을 터뜨렸다.

"전혀 부담감이 느껴지지 않아요. 항상 꿈꾸던 일을 즐겁게 하고 있으니까요. 골을 넣고 수비하고 공을 차지하기 위해 서로 경쟁하면서 팀에 도움이 되고 싶어요. 우승이라는 목적을 이루기 위해서요."

"우리 아들이 자랑스럽구나." 아버지는 항상 네이마르에게 팀플레이의 중요성을 가르쳤다. 그는 큰 것을 볼 줄 아는 아들이 자랑스러웠다. 아들은 자신이 팀과 조국의 일부라는 것을 잘 알았다. 아버지는 부담감이 클 텐데도 잘 이겨내는 아들이 놀라였다.

16강 진출 이후에 펼쳐진 첫 경기인 칠레전은 매우 힘들었다. 연장전까지 1대 1을 기록하다가 승부차기로 이어졌다. 네이마르는 페이크 동작으로 골키퍼를 속이면서 골을 성공시켰다. 빅 필은 네이마르가 어마어마한 압박감을 의식하지 않고 동네 축구하듯이 가볍게 성공시켰다고 말했다.

브라질의 골키퍼 줄리우 세자르의 두 차례 선방으로 브라질은 8강 진출에 성공했다. 대표팀은 물론 나라 전체가 축제 분위기에 들썩거렸다. 승부차기라는 가혹한 상황까지 갔다가 구사일생으로 살아남은 터라 눈물을 흘리는 사람도 적지 않았다.

CHAPTER 21

부서진 꿈, 새로운 희망

네이마르의 아버지는 콜롬비아의 하메스 로드리게스^{James Rodriguez} 선수가 패널티 지역에서 월드컵 개인 통산 6번째 골을 성공시키는 모습을 지켜보았다. 브라질이 아직 2대 1로 앞서고 있었지만 더 이상 골을 허용하면 안 될 터였다. 하메스는 2014 브라질월드컵에서 새롭게 떠오르는 스타 중 한 명으로 아버지가 생각하기에도 기술이 뛰어났다. 콜롬비아는 이번 월드컵에 출전한 팀 중 내노라 할 만큼 훌륭한 팀이었고 아직 경기를 만회할 충분한 시간이 있었다.

양 팀 모두에게 체력적으로 힘든 경기였고 플레이도 매우 거칠었다. 하지만 심판은 좀처럼 옐로카드와 레드카드를 꺼내 들지 않았다. 그 모습을 본 전 세계 해설자들은 심판이 좀 더 강압적인 태도로 선수들을 통제해야 한다고 입을 모았다. 하지만 반칙이 계속 나오고 경기 흐름이 끊기면서 선수들은 더욱 공격적이 되었다. 콜롬비아의 골이 터진지 7분 만인 88분에 아버지는 겁에 질린 얼굴로 자리에서 벌떡 일어났다. 아들이 고통스러운 비명을 지르면서 허리를 잡으며 그라운드에 쓰러졌기 때문이었다. 스크린에는 콜롬비아의 수비수 후안 수니가Juan Zúñiga가 뒤에서 무릎으로 네이마르를 차는 모습이 나왔다.

네이마르로서는 전혀 예상하지 못한 일이었다. 공을 잡는 순간 갑자기 숨이 턱 막히면서 쓰러진 것이었다. 태어나서 처음 느껴보는 엄청난 고통이 온몸으로 퍼졌다.

후안 수니가 선수는 네이마르를 쓰러뜨린 후 공을 잡으려고 했지만 결국 놓쳤다. 허리를 부여잡고 쓰러진 네이마르는 극심한 통증에 눈물을 참지 못했다.

관중석에서 일어선 네이마르의 아버지는 겁에 질린 표정만 짓고 있을 뿐 꿈쩍도 할 수 없었다. 가슴이 철렁 하고 내려앉는 듯했다. 예전에도 느낀 적이 있었던 느낌이었다. 아들이 생후 4개월 밖에 되지 않았을 때 일어난 자동차 사고에서 느꼈던 것과 똑같은 통증과 두려움이었다.

마르셀로가 쓰러진 네이마르에게로 달려가 다리를 벌리고 올라앉아서 소리쳤다. "어때?"

네이마르가 소리쳤다. "다리에 느낌이 없어!"

소리를 치니 통증이 좀 약해지는 듯했고 마르셀로가 와준 것이 고마웠다. 하지만 네이마르는 혼자 일어서지 못했다.

그들은 팀 닥터를 불렀고 황급히 달려왔다.

네이마르는 이 경기에서는 더 이상 뛸 수 없다는 것을 알 수 있었다. 남은 경기라도 뛸 수 있기를 바랄 뿐이었다.

하지만 통증이 너무 심했다. 움직일 수가 없었다.

옆에서 수니가가 미안하다고 외치는 소리가 들렸지만 몸을 돌려 쳐다볼 수가 없었다. 자신이 쓰러져 있는 그라운드의 잔디밖에 보이지 않았다.

들 것에 실려 나갈 때도 의료진이 한 발 한 발 내딛을 때마다 통증이 심해졌다. 부상을 당해본 경험은 있었지만 이렇게 심한 통증은 처음이었다. 의료진은 그를 치료실로 데려가 통증을 살폈다. 그리고는 대기 중인 앰뷸런스에 그를 태우고 팀 닥터가 뒤따랐다. 네이마르는 앰뷸런스의 뒷문이 닫히기 직전에 문 틈 사이로 아버지의 모습을 보았고 앰뷸런스가 출발하자 뒷문 유리 너머로 아버지의 모습이 점점 멀어져갔다. 병원에 도착 후 응급실에서 주사를 맞자 마침내 통증이 약해지기 시작했다.

병원으로 가는 앰뷸런스 안에서 네이마르는 분명히 깨달았다. 월드컵 우승이라는 오랜 꿈이 여기서 끝일지도 모른다는 것을.

브라질은 콜롬비아 전에서 승리를 거두었다. 결승전에 진출하려면 한 경기를 더 이겨야 했다. 두 경기만 더 이기면 드디어 우승컵을 들어 올릴 수 있었다.

우선은 최고의 수비수이자 주장인 티아고 실바와 네이마르 없이 독일을 이겨야만 했다. 실바는 콜롬비아 전에서 두 번째 경고를 받아 출장이 금지되었다.

다들 브라질이 이번 월드컵에서 최고의 실력을 보여주고 있는 독일을 이기기에는 무리라고 평가했다.

특히 실바와 네이마르까지 경기에 뛸 수 없으니 거의 불가능이나 마찬가지였다. 하지만 선수들과 국민들은 역경을 이겨낼 수 있으리라고 믿었다.

브라질의 2억 국민 모두 네이마르가 빨리 회복해서 독일 전에 나올 수 있기를 기도했다.

하지만 머지않아 청천벽력 같은 소식이 들려왔다.

네이마르는 중요한 경기를 집에서 가족, 친구들과 지켜봐야만 했다. 브라질 국가가 울려 퍼질 때 줄리우 세자르와 다비드 루이스가 자신의 유니폼을 드는 모습을 보고 네이마르는 눈물을 흘렸다. 그는 동료들이 꼭 이기기를 간절히 기도했다.

하지만 경기 시작 후 11분 만에 적신호가 켜졌고 독일의 토마스 뮐러Thomas Müller 선수가 수비수가 한 명도 없는 상태에서 첫 골을 기록했다. 브라질의 수비 실수였다. 첫 골을 먼저 허용한 브라질은 다시 싸울 시간이 충분했지만 그 다음 무슨 일이 벌어질지는 아무도 예상하지 못했다.

그리고 단 6분 만에 독일은 4골을 더 넣었다. 클로제Klose가 23분에, 크로스Kroos가 24분과 26분에, 케디라Khedira가 29분에 각각 골을 성공시켰다.

게임 오버였다. 네이마르는 경기를 뒤집는 것은 불가능하다는 것을 알고 있었다. 그는 충격을 받은 표정으로 집에 앉아 있었다. 허리 통증보다도 더 아픈 느낌이었다. 그의 꿈은 악몽으로 변해버렸다. 후반전에서 7대 0이 되는 순간 네이마르는 TV를 껐다.

더 이상 계속 볼 수 없었다. 그래서 그는 오스카가 90분에 한 골을 만회하는 장면을 보지 못했다.

독일에 7대 1로 대패한 것은 1950년의 패배보다 훨씬 더 충격적이었다. 설상가상으로 브라질은 3, 4위전에서도 네덜란드에 3대 0으로 패했다. 네이마르는 벤치에서 브라질 대표팀의 마지막 경기를 지켜보며 응원했다. 하지만 도중에 자신의 유니폼으로 얼굴을 감쌌다. 가슴이 찢어지는 듯해서 경기를 볼 수 없었다.

하지만 네이마르는 언론과 달리 감독과 선수들을 원망하는 마음이 조금도 없었다. 그는 언제나 팀플레이어로 팀과 가까운 거리를 유지하려고 최선을 다했다. 끝까지 팀을 응원하면서 마음속으로 같이 싸웠다.

네이마르는 낙천적인 성격이었다. 어릴 때부터 아무리 나쁜 상황에서도 밝은 부분을 찾으려고 했다. "6대 0, 7대 0 상황에서 다 포기할 수 있었는데도 우리 선수들은 계속 달리면서 노력했어. 선수들이 모두 자랑스러워. 나는 브라질 사람이라는 게 부끄럽지 않아. 이 팀의 일원이라는 게 부끄럽지 않아. 나는 우리 선수들이 자랑스러워."

무지다스크루제스 출신의 소년은 감사한 마음이 들었다. 이제

22살 밖에 안 되었으니 앞으로 또 월드컵에 참가할 수 있고 축구를 계속 즐길 수 있기 때문이었다. 그는 축구 역사상 최고로 꼽힐 만한 위대한 선수가 되기 위해 눈앞에 놓인 도전과 기회를 바라보았다.

엑스레이 결과를 살피던 의사는 네이마르에게 운이 좋았다고 말했다. "2센티미터만 아래였다면 평생 휠체어 신세가 될 뻔했습니다. 하지만 다행히 괜찮아요. 다시 축구를 할 수 있습니다."

독실한 신앙인인 네이마르는 모두 신이 자신을 지켜준 덕분이라고 생각했다. 그는 산길에서 일어난 자동차 사고에서 살아난 것을 비롯해 내내 운이 좋았다. 명성과 성공을 가져다주었을 뿐 아니라 참된 즐거움을 느끼게 해주는 재능에도 감사했다. 2014년 월드컵에서 브라질은 최악의 상황을 맞이했지만 네이마르는 다시 한 번 감사함을 느꼈다. 얼른 회복해서 다시 그라운드로 나가 그렇게도 좋아하는 축구를 할 수 있기 때문이었다.

아름다운 플레이로 전 세계 팬들에게 기쁨과 행복을 선사하고, 꿈을 펼치고, 언젠가 조국에 월드컵 트로피를 안길 것이다.

네이마르 수상 경력 _2016년 6월 기준

산투스
- 캄페오나투 파울리스타: 2010, 2011, 2012
- 코파 두 브라질: 2010
- 코파 리베르타도레스: 2012

바르셀로나
- 수페르코파 데 에스파냐: 2013
- 스페인 프리메라리가 우승: 2014-2015
- UERA 챔피언스리그 우승: 2014-2015
- 스페인 국왕컵 우승: 2014-2015

브라질
- CONMEBOL 청소년 축구 선수권 대회 우승: 2011
- 수페르클라시코 데 라스 아메리카스: 2011, 2012
- 올림픽 은메달: 2012
- FIFA 컨페더레이션스컵 우승: 2013
- FIFA 월드컵 4위: 2014

개인
- 캄페오나투 파울리스타 올해 영 플레이어: 2009
- 캄페오나투 파울리스타 최우수 공격수: 2010, 2011, 2012, 2013
- 캄페오나투 파울리스타 최우수 선수: 2010, 2011, 2012, 2013
- 캄페오나투 파울리스타 득점왕: 2012
- 캄페오나투 브라질레이루 세리에 A 최우수 공격수: 2010, 2011, 2012
- 캄페오나투 브라질레이루 세리에 A 최우수 선수: 2011
- 코파 두 브라질 득점왕: 2010
- 코파 리베르타도레스 득점왕: 2012
- 코파 리베르타도레스 최우수 선수: 2011
- 레코파 수다메리카나 최우수 선수: 2012

- CONMEBOL 청소년 축구 선수권 대회 최우수 선수: 2011
- CONMEBOL 청소년 축구 선수권 대회 득점왕: 2011
- 남미 올해의 선수: 2011, 2012
- FIFA 올해의 영 플레이어상: 2011
- FIFA 푸스카시상: 2011
- FIFA 클럽 월드컵: 브론즈볼(2011)
- FIFA 컨페더레이션스컵: 골든볼(2013), 브론즈슈(2013), 베스트 11(2013)
- FIFA 월드컵 브론즈 부트: 2014
- 아르투르 프리덴라이히 어워드: 2010, 2012
- UEFA 챔피언스리그 득점왕: 2014-2015
- 스페인 국왕컵 득점왕: 2014-2015

세계 최고가 될 수밖에 없었던 스타 플레이어의 비하인드 스토리

리오넬 메시: 천재의 놀라운 이야기
마이클 파트 지음 | 정지현 옮김 | 144면 | 8,800원

『리오넬 메시: 천재의 놀라운 이야기』는 고향 아르헨티나의 로사리오에서 보낸 5살 때부터 스페인 바르셀로나 캄프 누에서 첫 골을 넣기까지 리오넬 메시의 흥미로운 이야기가 담겨있다. 전 세계 축구팬들을 놀라게 한 환상적인 축구 실력으로 세계 최고의 선수를 넘어 신계라고 불릴 운명을 타고난 소년의 놀라운 이야기!

크리스티아누 호날두: 승리를 부르는 자
마이클 파트 지음 | 정지현 옮김 | 148면 | 8,800원

『크리스티아누 호날두: 승리를 부르는 자』는 포르투갈 마데이라 섬에서 태어난 가난한 소년이 세계 최고의 축구 선수로 부상하기까지의 이야기를 보여준다. 오늘날의 호날두 선수가 있기까지의 이야기를 생생하고 감동적으로 그려냈다.

Pictures credits and discription

1. Neymar takes in his hands a young soccer fan who ran into the pitch.
   Friendly between Brazil and South Africa. March 5 2014.
   Reuters/Siphiwe Sibeko
2. Neymar takes a corner kick. Brazil Mexico game at the FIFA World Cup in Brazil. 17 June 2014.
   Reuters/ Marcelo Del Pozo
3. Neymar during a press conference at the World Cup 2014. July 2 2014.
   Reuters/Marcelo Regua
4. Neymar celebrate a goal he scored for Barcelona FC against Celtic during a Champions League match. December 11 2013.
   Reuters/Gustau Nacarino
5. Neymar heads the ball above Mexico's Rafael Marquez during the Brazil Mexico game at the FIFA World Cup in Brazil. 17 June 2014.
   Reuters/ Marcelo Del Pozo
6. Leo Messi celebrates a goal he just scored with teammate Neymar in Camp Nou Barcelona. August 18 2014.
   Reuters/Gustau Nacarino
7. Brazil's coach Scolari hugs Neymar during the 2014 opening World Cup game against Croatia. June 14 2014.
   Reuters/Ivan Alvarado
8. Neymar dribbles Brazil Mexico game at the FIFA World Cup in Brazil. 17 June 2014.
   Reuters/ Marcelo Del Pozo
9. Neymar control the ball while chased by Cameroon's Allan Nyom in the Brazil Cameroon 2014 World Cup game. 23 June 2014.
   Reuters/David Gray
10. Brazil's Neymar celebrates after scoring against Panama during a friendly soccer match at the Serra Dourada stadium in Goiania, Brazil, Tuesday, June 3, 2014.
    AP Photo/Andre Penner
11. Cover: Neymar is being chased by Panma's Felipe Baloy. Brazil- Panama game June 3 2014.
    Retuers/Ueslei Marcelino
12. Cover: Neymar dribbles. Brazil- Panama game June 3 2014.
    Retuers/Ueslei Marcelino
13. Cover: Neymar celebrates scoring against Japan in the ConfederationsCup. June 15 2013.
    Retuers/Ueslei Marcelino

네이마르: 그라운드의 마법사

초판 1쇄 발행 2016년 7월 25일
초판 3쇄 발행 2024년 2월 1일

지은이 마이클 파트 | **옮긴이** 정지현
펴낸이 김영조
편집 김시연 | **디자인** 이병옥 | **마케팅** 김민수, 조애리 | **제작** 김경묵 | **경영지원** 정은진
외주디자인 ALL design group
펴낸곳 싸이프레스 | **주소** 서울시 마포구 양화로7길 44, 3층
전화 (02)335-0385/0399 | **팩스** (02)335-0397
이메일 cypressbook1@naver.com | **홈페이지** www.cypressbook.co.kr
블로그 blog.naver.com/cypressbook1 | **포스트** post.naver.com/cypressbook1
인스타그램 싸이프레스 @cypress_book | **싸이클** @cycle_book
출판등록 2009년 11월 3일 제2010-000105호

ISBN 978-89-97125-10-4   13600

- 이 책은 저작권법에 따라 보호를 받는 저작물이므로 무단 전재 및 무단 복제를 금합니다.
- 책값은 뒤표지에 있습니다.
- 파본은 구입하신 곳에서 교환해 드립니다.
- 싸이프레스는 여러분의 소중한 원고를 기다립니다.